VIRTUELLER GROßHANDEL REICHTUM

Meistern Sie die Kunst der Remote-Deals, maximieren Sie Ihren Gewinne und transformieren Sie Ihr Immobiliengeschäft von überall auf der Welt

Von

Daniel L. Lucero

Copyright © Daniel L. Lucero 2024. Alle Rechte vorbehalten.

Vor der Vervielfältigung oder Reproduktion dieses Dokuments ist in irgendeiner. Weise die Zustimmung des Herausgebers einzuholen. Daher können die darin enthaltenen Inhalte weder elektronisch gespeichert, übertragen noch in einer Datenbank gespeichert werden. Das Dokument darf ohne Genehmigung des Herausgebers oder Erstellers weder ganz noch teilweise kopiert, gescannt, gefaxt oder aufbewahrt werden.

Virtueller Großhandel Reichtum

Inhaltsverzeichnis

Einführung............................7

KAPITEL 1   10
VIRTUELLEN GROßHANDEL VERSTEHEN   10

Was ist virtueller Großhandel?   11

Schlüsselkomponenten des virtuellen Großhandels   11

Die Entwicklung der Immobilien in der Virtuelles Zeitalter   17

Differenzierung des virtuellen Großhandels von traditionellen Methoden   20

Warum virtueller Großhandel funktioniert   25

Das Versprechen und Potenzial des Virtuellen Großhandel   31

KAPITEL 2   36
EINRICHTEN IHRES VIRTUELLEN ARBEITSBEREICH Und   36

Wesentliche Tools für den virtuellen Großhandel   41

Erstellen einer produktiven und sicheren virtuellen Umgebung   48

Virtueller Großhandel Reichtum

KAPITEL 3   63
LUKRATIVE VIRTUELLE ANGEBOTE FINDEN   63
Online Navigieren Marktplatz   70
Nutzung von Daten und Analysen zur
Identifizierung von Chancen   77
Entdecken Sie Off-Market-Juwelen   86

KAPITEL 4   95
ZUSAMMENSTELLUNG EINES FERNBEDIENUNG DREAM-TEAMS   95
Kommunikationsstrategien für
Virtueller Erfolg   104
Outsourcing und Effektiv delegieren   112

KAPITEL 5   120
VIRTUELLE VERHANDLUNGSTECHNIKEN IM IMMOBILIENBEREICH BEHERRSCHEN GROSSHANDEL   120
Herausforderungen aus der Ferne meistern
Geschäftsabwicklungen   126
Geschäfte mit Zuversicht abschließen   136

Virtueller Großhandel Reichtum

KAPITEL 6   143
RECHTLICHE UND COMPLIANCE-ÜBERLEGUNGEN ENTHÜLLT   **143**

Navigieren in den Vorschriften für den virtuellen Großhandel   153

Sicherstellung der Compliance bei grenzüberschreitenden Transaktionen   161

Risikominderung im virtuellen Bereich von Immobilie   170

KAPITEL 7   178
SCHAFFUNG EINES VIRTUELLEN GROSSHANDELS MARKE   **178**

Erstellen visueller Branding-Elemente für Virtueller Großhandel   180

Effektive Online-Marketing-Strategies   188

Social Media wirklich nutzen

Nachlass Erfolg   198

KAPITEL 8   208
SKALIERUNG IHRES VIRTUELLEN GROSSHANDELS GESCHÄFT   **208**

Grundlegende Elemente für den Erfolg Skalierung   210

Gebäudesysteme für nachhaltige Wachstum 218

Virtueller Großhandel Reichtum

Herausforderungen bei der Skalierung meistern
Virtuell   227

KAPITEL 9   **238**
ERFOLGSGESCHICHTEN AUS DEM ECHTEN LEBEN   **238**
Lehren Aus Erfolgreichen Virtuelle
Angebote   246

Schlussfolgerung   **253**

Einführung

Willkommen in der Welt des virtuellen Großhandel Vermögens, in der die Grenzen traditioneller Immobilieninvestitionen überschritten werden und der Schlüssel zum Erfolg im Bereich virtueller Transaktionen liegt. In diesem dynamischen Zeitalter, in dem Technologie uns über Entfernungen hinweg verbindet und Branchen verändert, bildet der Immobilienmarkt keine Ausnahme. Die Konvergenz von Innovation und Chancen hat zu einem revolutionären Ansatz in der Immobilieninvestment Landschaft geführt – dem virtuellen Großhandel.

Dieses Buch ist Ihr Leitfaden zur Enthüllung der Geheimnisse des Remote-Immobilien Erfolgs und bietet Ihnen Einblicke, Strategien und einen Fahrplan, um in der wettbewerbsintensiven Welt des virtuellen Großhandels erfolgreich zu sein.

Virtueller Großhandel Reichtum

Egal, ob Sie ein erfahrener Investor sind, der sich an die veränderten Zeiten anpassen möchte, oder ein Neuling, der die Leistungsfähigkeit der Technologie nutzen möchte, die Prinzipien und Taktiken auf diesen Seiten werden Ihnen helfen, sich sicher in der virtuellen Landschaft zurechtzufinden.

In den folgenden Kapiteln befassen wir uns mit den Kernkonzepten des virtuellen Großhandels und analysieren die Feinheiten der Abwicklung von Geschäften bequem von zu Hause oder von überall auf der Welt aus. Von der Nutzung von Online-Tools bis zum Aufbau eines virtuellen Teams befassen wir uns mit den praktischen Aspekten, die den virtuellen Großhandel nicht nur zu einer Möglichkeit, sondern zu einem lukrativen und skalierbaren Unterfangen machen.

Bereiten Sie sich darauf vor, herauszufinden, wie Sie lukrative Gelegenheiten identifizieren, Geschäfte effektiv aushandeln und Transaktionen nahtlos

Virtueller Großhandel Reichtum

abschließen können, ohne Ihren Computer-Bildschirm zu verlassen.

Die hier geteilten Geheimnisse sind nicht nur theoretisch; Dabei handelt es sich um bewährte Methoden erfolgreicher virtueller Großhändler, die ihre Geschäftsabläufe verändert haben.

Egal, ob Sie finanzielle Freiheit suchen, Ihr Immobilienportfolio diversifizieren möchten oder einfach nur von der Aussicht auf virtuellen Großhandel fasziniert sind, dieses Buch ist Ihr Tor zu neuen Grenzen der Immobilieninvestition. Begleiten Sie uns auf dieser Reise und lassen Sie uns gemeinsam das Potenzial des virtuellen Großhandels erschließen. Ihr Erfolg in der Welt der abgelegenen Immobilien erwartet Sie!

KAPITEL 1

VIRTUELLEN GROßHANDEL VERSTEHEN

Definition des virtuellen Großhandels

In der dynamischen Landschaft der Immobilieninvestitionen hat sich der Begriff „virtueller Großhandel" als transformativer Ansatz herausgebildet, der die Art und Weise, wie Transaktionen durchgeführt und Chancen genutzt werden, neu definiert. In diesem Abschnitt werden wir uns mit der Kerndefinition des virtuellen Großhandels befassen, seine Grundprinzipien entschlüsseln und darlegen, wie er einen Paradigmenwechsel in der Immobilienbranche darstellt.

Was ist virtueller Großhandel?

Bei Im Wesentlichen ist der virtuelle Großhandel eine Immobilieninvestition Strategie, die durch die Fern Abwicklung von Immobilientransaktionen gekennzeichnet ist. Im Gegensatz zum traditionellen Großhandel, der oft physische Präsenz und lokale Geschäfte erfordert, nutzt der virtuelle Großhandel die Leistungsfähigkeit von Technologie und digitalen Tools, um Transaktionen aus der Ferne zu ermöglichen. Diese Methode ermöglicht es Investoren, Immobilien zu identifizieren, zu sichern und zu verkaufen, ohne physisch im Zielmarkt präsent sein zu müssen.

Schlüsselkomponenten des virtuellen Großhandels

1. Digitale Transaktionen: Der Schwerpunkt des virtuellen Großhandels liegt auf der Nutzung von Online-Plattformen und digitalen Tools, um den gesamten Transaktionsprozess zu optimieren. Von der Immobilien Identifizierung und Due Diligence bis hin zu Verhandlungen und Abschluss kann jede Phase aus der Ferne durchgeführt werden.

2. Fernkommunikation:

Wirksam Kommunikation ist bei jeder Immobilientransaktion von entscheidender Bedeutung. Der virtuelle Großhandel ist auf virtuelle Kommunikationskanäle wie Videoanrufe, E-Mails und Messaging-Plattformen angewiesen, um klare und effiziente Interaktionen zwischen Investoren, Käufern und Verkäufern aufrechtzuerhalten.

3. Datengesteuerte Entscheidungsfindung:

Mithilfe von Datenanalysen und Marktforschung treffen virtuelle Großhändler fundierte Entscheidungen über potenzielle Geschäfte. Diese Abhängigkeit von Daten ermöglicht einen strategischen Ansatz zur Identifizierung lukrativer Möglichkeiten.

4. Globale Reichweite: Der virtuelle Großhandel überwindet geografische Barrieren. Investoren können sich an Transaktionen auf verschiedenen Märkten und sogar international beteiligen, wodurch der Umfang potenzieller Geschäfte erweitert und Chancen maximiert werden.

Wie sich der virtuelle Großhandel vom traditionellen Großhandel unterscheidet

Während der traditionelle Großhandel häufig praktische Aktivitäten wie Immobilienbesichtigungen, lokales Networking und persönliche Verhandlungen umfasst, überwindet der virtuelle Großhandel diese Einschränkungen. Es stellt eine Abkehr vom herkömmlichen Modell dar und betont einen Digital-First-Ansatz, der die Effizienz, Skalierbarkeit und die Fähigkeit, sich auf einem globalen Markt zurechtzufinden, verbessert.

Die Entwicklung des Immobilieninvestments

Der virtuelle Großhandel stellt eine bedeutende Entwicklung in der Immobilieninvestition Landschaft dar. Es nutzt die Möglichkeiten des digitalen Zeitalters, um neue Möglichkeiten für Investoren zu schaffen und öffnet die Türen zu einem flexibleren, skalierbaren und technologiegetriebenen Ansatz zum Aufbau von Vermögen durch Immobilien.

Während wir die Nuancen der Definition des virtuellen Großhandels erkunden, stellen Sie sich eine Zukunft vor, in der geografische Zwänge nicht mehr den Umfang Ihrer Immobilie Aktivitäten bestimmen. Willkommen in einem Bereich, in dem Innovation und Chancen zusammenkommen, um das Wesen der Immobilieninvestition neu zu definieren.

Die Vorteile des virtuellen Großhandels

Der virtuelle Großhandel bringt Immobilieninvestoren zahlreiche Vorteile mit sich. Von der Beseitigung geografischer Einschränkungen bis hin zur Steigerung der betrieblichen Effizienz sind die Vorteile transformativ. In diesem Kapitel wird untersucht, wie der virtuelle Großhandel es Anlegern ermöglicht, ihre Geschäftstätigkeit zu skalieren, Kosten zu senken und Zugang zu einem globalen Markt zu erhalten, wodurch sich Türen zu Möglichkeiten öffnen, die über traditionelle Grenzen hinausgehen.

Die Rolle der Technologie

Im Mittelpunkt des virtuellen Großhandels steht die Technologie. In diesem Abschnitt werden die verschiedenen Tools und Plattformen untersucht, die virtuelle Großhändler unterstützen, von Online-Marktplätzen und Datenanalysen bis hin zu virtuellen Kommunikations- und Kollaborationstools. Das Verständnis der technologischen Landschaft ist der Schlüssel zur erfolgreichen Umsetzung einer virtuellen Großhandel Strategie.

Aufbau einer virtuellen Großhandel Mentalität

Über die Mechanik hinaus erfordert der virtuelle Großhandel eine Änderung der Denkweise. Investoren müssen sich an die Idee gewöhnen, dass Erfolg auch ohne physische Präsenz auf dem Markt erzielt werden kann. Dieses Kapitel befasst sich mit der Denkweise und den Fähigkeiten, die für den Erfolg im virtuellen Bereich erforderlich sind, und betont die Bedeutung von Anpassungsfähigkeit, Agilität und einem ausgeprägten Verständnis digitaler Tools.

Während wir uns auf die Reise „Den virtuellen Großhandel verstehen" begeben, stellen Sie sich ein

Virtueller Großhandel Reichtum

Paradigma vor, in dem Grenzen keine Barrieren mehr darstellen und die traditionellen Beschränkungen von Immobilien neu definiert werden. Willkommen in einer Welt, in der Innovation auf Chancen trifft und der Erfolg nicht an geografische Grenzen gebunden ist.

Die Entwicklung von Immobilien im virtuellen Zeitalter

Vor nicht allzu langer Zeit war die Immobilienwelt tief in der physischen Präsenz verwurzelt – Händeschütteln, Immobilienbesichtigungen und persönliche Verhandlungen. Im Zuge des digitalen Zeitalters hat jedoch eine tiefgreifende Entwicklung stattgefunden, die das Gefüge der Immobilienbranche grundlegend verändert hat.

In den Anfängen der Immobilienbranche hing der Erfolg oft von lokalen Netzwerken, Kenntnissen vor

Virtueller Großhandel Reichtum

Ort und einer physischen Präsenz in den Vierteln ab, in denen Geschäfte getätigt wurden.

Wenn wir in die Gegenwart vorspulen, sieht die Landschaft ganz anders aus. Technologische Fortschritte haben eine neue Ära eingeleitet, in der geografische Grenzen verschwimmen und Transaktionen im digitalen Bereich ausgeführt werden.

In diesem Kapitel werden die Katalysatoren untersucht, die die Entwicklung der Immobilien in das virtuelle Zeitalter vorantreiben. Wir befassen uns mit den Auswirkungen der Technologie auf die Immobiliensuche, die Beschaffung von Geschäftsabschlüssen und Transaktionsprozesse.

Von Online-Marktplätzen bis hin zu Datenanalysen: Die im virtuellen Zeitalter verfügbaren Tools revolutionieren die Art und Weise, wie Anleger den Markt angehen.

Darüber hinaus hat dieser Wandel nicht nur die logistischen Aspekte von Immobilien verändert,

Virtueller Großhandel Reichtum

sondern auch das Wesen dessen, was es bedeutet, ein Immobilienprofi zu sein, neu definiert. Die Möglichkeit, Geschäfte virtuell abzuwickeln, hat die Türen zu einem globalen Markt geöffnet, der es Anlegern ermöglicht, Möglichkeiten weit über ihre lokalen Grenzen hinaus zu erkunden.

Während wir durch das Buch navigieren, entdecken wir die Herausforderungen und Chancen, die das virtuelle Zeitalter mit sich bringt. Von der Demokratisierung der Informationen bis zum Aufstieg virtueller Teams ist der Wandel tiefgreifend. Der Weg in den virtuellen Großhandel ist nicht nur eine Reaktion auf eine sich verändernde Landschaft; Es ist der Beginn einer neuen Ära, in der Innovation und Anpassungsfähigkeit der Schlüssel zum Erfolg sind.

Differenzierung des virtuellen Großhandels von traditionellen Methoden

In der sich ständig weiterentwickelnden Landschaft der Immobilieninvestitionen ist die Unterscheidung zwischen virtuellem Großhandel und traditionellen Methoden von entscheidender Bedeutung für Anleger, die nach innovativen Ansätzen suchen, um ihre Chancen zu maximieren. In diesem Abschnitt werden die wichtigsten Unterscheidungsmerkmale untersucht, die den virtuellen Großhandel von herkömmlichen Methoden unterscheiden, und es wird beleuchtet, wie diese Strategieentwicklung einen Paradigmenwechsel in der Branche mit sich bringt.

1. Geografische Unabhängigkeit

- *Traditioneller Großhandel:* Im klassischen Großhandel liegt der Schwerpunkt häufig auf der physischen Präsenz in einem bestimmten

Virtueller Großhandel Reichtum

Markt. Investoren bauen Beziehungen auf, nehmen an lokalen Veranstaltungen teil und tätigen Geschäfte innerhalb eines definierten geografischen Gebiets.

- *Virtueller Großhandel:* Im Gegensatz dazu überwindet der virtuelle Großhandel geografische Beschränkungen. Investoren können Geschäfte in Märkten weit über ihren physischen Standort hinaus identifizieren, verhandeln und abschließen und dabei die Leistungsfähigkeit von Online-Plattformen und digitalen Tools nutzen.

2. **Transduktionseffizienz**

- *Traditioneller Großhandel:* Herkömmliche Methoden können zeitaufwändige Prozesse umfassen, wie z. B. Besichtigungen von Immobilien, persönliche Verhandlungen und manuellen Papierkram.

Diese Aspekte können zu einer langsameren Transaktionszeit beitragen.

- **Virtueller Großhandel:** Der virtuelle Großhandel rationalisiert Prozesse durch digitale Transaktionen, Fernkommunikation und datengesteuerte Entscheidungsfindung. Das Ergebnis ist ein effizienterer und agilerer Transaktionszeitplan, der den Zeit- und Arbeitsaufwand für den Abschluss von Geschäften reduziert.

3. **Technologieintegration**
   - *Traditioneller Großhandel:* Während Technologie im traditionellen Großhandel eine Rolle spielt, hat die Abhängigkeit von persönlichen Interaktionen und physischer Vernetzung oft Vorrang.
   - *Virtueller Großhandel:* Der virtuelle Großhandel legt großen Wert auf Technologie. Investoren nutzen Online-Plattformen für die Entdeckung von Immobilien, Datenanalysen für fundierte Entscheidungen und virtuelle

Kommunikationstools für Verhandlungen und schaffen so einen Digital-First-Ansatz für Immobilientransaktionen.

4. **Skalierung Chancen**
   - *Traditioneller Großhandel:* Die Skalierung traditioneller Großhandel Betriebe kann aufgrund der Notwendigkeit einer physischen Präsenz, lokaler Teams und einer Infrastruktur vor Ort eine Herausforderung darstellen.
   - *Virtueller Großhandel:* Das virtuelle Modell ermöglicht eine Skalierbarkeit ohne die gleichen Einschränkungen. Investoren können ihre Reichweite erweitern und ohne die Einschränkungen der physischen Infrastruktur Geschäfte in mehreren Märkten tätigen, was Möglichkeiten für erhebliches Wachstum eröffnet.

5. Globale Reichweite

- ***Traditioneller Großhandel:*** Herkömmliche Methoden sind oft auf einen lokalen oder regionalen Bereich beschränkt, was die Reichweite und Vielfalt der Investitionsmöglichkeiten einschränkt.
- ***Virtueller Großhandel:*** Der virtuelle Großhandel bietet eine globale Reichweite und ermöglicht es Anlegern, Transaktionen auf verschiedenen Märkten und sogar international zu erkunden und daran teilzunehmen. Diese globale Perspektive erweitert das Potenzial für lukrative Geschäfte.

Das Verständnis dieser Unterscheidungsmerkmale ist für Anleger, die sich in der sich entwickelnden Immobilienlandschaft zurechtfinden möchten, von entscheidender Bedeutung. Während wir den Kontrast zwischen virtuellem und traditionellem Großhandel erkunden, stellen Sie sich eine Zukunft vor, in der Flexibilität, Effizienz und globale Konnektivität das Wesen der Immobilieninvestition neu definieren.

Warum virtueller Großhandel funktioniert

Die Effektivität des virtuellen Großhandels in der Immobilienbranche lässt sich auf mehrere Schlüsselfaktoren zurückführen, die Technologie, Effizienz und einen strategischen Ansatz bei Transaktionen nutzen. Um zu verstehen, warum der virtuelle Großhandel funktioniert, müssen Sie erkennen, welche Vorteile er gegenüber herkömmlichen Methoden bietet und wie er die sich entwickelnde Dynamik der modernen Immobilienlandschaft nutzt.

Virtueller Großhandel Reichtum

1. **Geografische Freiheit:**

    - *Einschränkung des traditionellen Großhandels:* Herkömmliche Methoden binden Investoren häufig an ein bestimmtes geografisches Gebiet, wodurch der Umfang potenzieller Geschäfte eingeschränkt wird.

    - *Vorteile des virtuellen Großhandels:* Der virtuelle Großhandel befreit sich von geografischen Beschränkungen und ermöglicht es Anlegern, Chancen in Märkten zu erkunden und zu nutzen, die weit über ihren physischen Standort hinausgehen.

2. **Effizienter Einsatz von Technologie:**

    - *Traditioneller Großhandel Ansatz:* Herkömmliche Methoden umfassen möglicherweise manuelle Prozesse, Papierkram und persönliche Verhandlungen, was zu langsameren Transaktionszeiten führt.

- *Virtuelle Großhandel Effizienz:* Durch die Nutzung digitaler Tools, Online-Plattformen und virtueller Kommunikation rationalisiert der virtuelle Großhandel Prozesse und reduziert den Zeit- und Arbeitsaufwand für den Abschluss von Geschäften erheblich.

3. Globaler Marktzugang:

- *Einschränkung des traditionellen Großhandels:*
  Traditionelle Ansätze sind oft auf lokale oder regionale Märkte beschränkt, was die Vielfalt der Investitionsmöglichkeiten einschränkt.

- *Stärke des virtuellen Großhandels:*
  Der virtuelle Großhandel bietet eine globale Reichweite und ermöglicht es Anlegern, Transaktionen auf verschiedenen Märkten und sogar international zu erkunden und daran teilzunehmen. Dies erweitert den Horizont für potenziell lukrative Geschäfte.

4. Skalierbarkeit ohne physische Einschränkungen:

- *Herausforderung im traditionellen Großhandel:* Die Skalierung traditioneller Großhandelsbetriebe erfordert möglicherweise die Einrichtung physischer Büros, lokaler Teams und einer Infrastruktur, was logistische Herausforderungen mit sich bringt.

- *Skalierbarkeit des virtuellen Großhandels:* Das virtuelle Modell ermöglicht Skalierbarkeit, ohne dass eine umfangreiche physische Infrastruktur erforderlich ist. Investoren können ihre Reichweite effizient erweitern und Geschäfte in mehreren Märkten tätigen.

5. Datengesteuerte Entscheidungsfindung:

- *Einblicke in den traditionellen Großhandel:* Herkömmliche Ansätze basieren möglicherweise auf lokalem Wissen und persönlichen Verbindungen, was möglicherweise die Tiefe der Markt Einblicke einschränkt.

- ***Informierte Entscheidungen im virtuellen Großhandel:*** Virtuelle Großhändler nutzen Datenanalysen, Online-Marktplätze und umfassende Recherchen, um fundierte Entscheidungen zu treffen und so den strategischen Aspekt der Investition zu verbessern.

6. Betriebskosteneinsparungen:

- ***Gemeinkosten im traditionellen Großhandel:*** Herkömmliche Methoden können mit erheblichen Gemeinkosten verbunden sein, einschließlich Reisekosten, Unterhalt physischer Büros und lokaler Teamverwaltung.
- ***Kosteneffizienz des virtuellen Großhandels:***

Der virtuelle Großhandel senkt die Betriebskosten erheblich und ermöglicht Anlegern eine effiziente und kostengünstige Geschäftsabwicklung.

7. Anpassungsfähigkeit an sich ändernde Bedingungen:

- *Traditionelle Großhandel Starrheit:*
  Herkömmliche Methoden können aufgrund lokaler Abhängigkeiten vor Herausforderungen bei der Anpassung an sich schnell ändernde Marktbedingungen stehen.

- *Agilität im virtuellen Großhandel:*
  Virtuelle Großhändler können sich schnell an Marktveränderungen anpassen, indem sie Technologie und Fern Abläufe nutzen, um flexibel auf sich ändernde Bedingungen reagieren zu können.

Im Wesentlichen liegt der Erfolg des virtuellen Großhandels in seiner Fähigkeit, die Vorteile des digitalen Zeitalters zu nutzen und Anlegern einen flexiblen, effizienten und skalierbaren Ansatz für Immobilientransaktionen zu bieten, der den Anforderungen des heutigen Marktes entspricht.

Das Versprechen und Potenzial des virtuellen Großhandels

In der sich ständig weiterentwickelnden Immobilienlandschaft gelten die Versprechen und das Potenzial des virtuellen Großhandels als Leuchtfeuer der Chancen und läuten eine neue Ära der Flexibilität, Effizienz und des expansiven Wachstums ein. Lassen Sie uns in die unvergleichlichen Vorteile und das ungenutzte Potenzial eintauchen, das dieser innovative Ansatz sowohl für aufstrebende als auch für erfahrene Immobilieninvestoren bietet.

1. Geografische Beschränkungen entfesseln

Immobilien sind traditionell ein Spiel, das stark vom Standort abhängt. Die Notwendigkeit einer physischen Präsenz in einem bestimmten Markt hat Investoren oft auf ihre lokale Umgebung beschränkt. Der virtuelle Großhandel sprengt diese geografischen Beschränkungen jedoch. Es ermöglicht Anlegern, Transaktionen überall auf der Welt bequem von ihrem virtuellen Arbeitsplatz aus zu erkunden, zu analysieren und an ihnen teilzunehmen.

2. Effizienzsteigerung durch Technologie

Technologie ist die treibende Kraft hinter der Effizienzrevolution im Immobilienbereich, und der virtuelle Großhandel steht an der Spitze dieser Transformation. Das Versprechen liegt in der Vielzahl von Tools und Plattformen, die Prozesse rationalisieren – von der Immobilien Identifizierung und Due Diligence bis hin zu Verhandlungen und Abschluss.

Virtueller Großhandel Reichtum

Der Einsatz von Technologie spart nicht nur Zeit, sondern erhöht auch die Genauigkeit und Präzision bei der Entscheidungsfindung.

3. Skalierbarkeit und Flexibilität
Eines der verlockendsten Versprechen des virtuellen Großhandels ist die Skalierbarkeit. Die Möglichkeit, den Betrieb ohne die Einschränkungen der physischen Infrastruktur oder standortabhängiger Teams zu skalieren, eröffnet neue Wachstums Dimensionen. Der virtuelle Großhandel ist von Natur aus flexibel und ermöglicht es Anlegern, sich schnell an veränderte Marktbedingungen anzupassen und sich bietende Chancen zu nutzen.

4. Kostengünstige Abläufe: Das traditionelle Modell von Immobilientransaktionen ist oft mit erheblichen Gemeinkosten verbunden, von Reisekosten bis hin zur Unterhaltung eines physischen Büros. Der virtuelle Großhandel reduziert diese Betriebskosten erheblich. Mit einem gut gestalteten virtuellen Arbeitsbereich können Anleger ihre Geschäfte effizient und kosteneffektiv abwickeln und so die Rendite jeder Transaktion maximieren.

5. Globale Vernetzung und Zusammenarbeit
Der virtuelle Großhandel erleichtert die globale Vernetzung und Zusammenarbeit und verbindet Investoren, Käufer und Verkäufer über Grenzen hinweg. Diese Vernetzung erweitert nicht nur den Umfang potenzieller Geschäfte, sondern fördert auch ein kollaboratives Umfeld, in dem Erkenntnisse und Fachwissen aus verschiedenen Märkten geteilt und genutzt werden können.

Während wir, Das Versprechen und Potenzial des virtuellen Großhandels" erkunden, stellen Sie sich eine Zukunft vor, in der die Einschränkungen traditioneller Immobilien durch ein grenzenloses, effizientes und skalierbares Modell ersetzt werden.

Virtueller Großhandel Reichtum

Der virtuelle Großhandel ist nicht nur eine Methodik; Es ist ein Paradigmenwechsel, der ein Erfolgsversprechen und ein Wachstumspotenzial bietet, das keine Grenzen kennt.

KAPITEL 2

EINRICHTEN IHRES VIRTUELLEN ARBEITSBEREICHS

Die Schaffung eines effektiven virtuellen Arbeitsplatzes ist die Grundlage für den Erfolg im virtuellen Großhandel. Dazu gehört die Zusammenstellung der richtigen Tools, die Konfiguration Ihrer digitalen Umgebung und die Einrichtung von Protokollen für effiziente und sichere Remote-Operationen. Dieser Abschnitt führt Sie durch die wesentlichen Schritte zur Einrichtung Ihres virtuellen Arbeitsplatzes für eine optimale Leistung in der Welt des virtuellen Großhandels.

1. Tools und Plattformen:

Identifizieren und integrieren Sie die notwendigen digitalen Tools, wie zum Beispiel:

- Online-Marktplätze: Plattformen für die Entdeckung von Immobilien und die Beschaffung von Deals.
- Kommunikationstools: Plattformen für Videokonferenzen, Messaging und Zusammenarbeit.
- Dokumentenverwaltung: Cloudbasierter Speicher für die sichere gemeinsame Nutzung und Organisation von Dokumenten.
- Projektmanagement: Tools zur Aufgabenverwaltung, Teamzusammenarbeit und Projektorganisation.

2. Sichere virtuelle Umgebung:

- Implementieren Sie Cyber Sicherheitsmaßnahmen zum Schutz sensibler Informationen.
- Nutzen Sie sichere und verschlüsselte Kommunikationskanäle.

Virtueller Großhandel Reichtum

- Investieren Sie in ein virtuelles privates Netzwerk (VPN), um eine sichere Datenübertragung zu gewährleisten.

3. Digitale Kommunikationsprotokolle:

- Erstellen Sie klare Kommunikationsprotokolle für virtuelle Meetings, Verhandlungen und Teamzusammenarbeit.
- Stellen Sie sicher, dass alle Teammitglieder mit virtuellen Kommunikations Tools und Best Practices vertraut sind.

4. Strategien für die Remote-Zusammenarbeit:

- Definieren Sie Arbeitsabläufe für die Remote-Zusammenarbeit, einschließlich Dokumentenfreigabe, Versionskontrolle und Aufgabendelegierung.
- Nutzen Sie Projektmanagement-Tools, um den Fortschritt zu verfolgen, Aufgaben zuzuweisen und Teamaktivitäten zu überwachen.

5. Hardware- und Software-Setup:

- Stellen Sie sicher, dass alle Teammitglieder über die erforderliche Hardware (Laptops, Webcams, Mikrofone) und Software (Kommunikationstools, Projektmanagementsoftware) für eine nahtlose virtuelle Zusammenarbeit verfügen.

6. Datenanalyse- und Forschung Tools:

- Integrieren Sie Tools für Marktforschung, Datenanalyse und Immobilienbewertung, um Ihre Investitionsentscheidungen zu unterstützen.
- Bleiben Sie über die neuesten Technologien und Trends in der Immobiliendatenanalyse auf dem Laufenden.

7. Schulung und Onboarding:

- Bieten Sie Teammitgliedern umfassende Schulungen zu virtuellen Tools und Protokollen.

- Erstellen Sie Onboarding-Materialien und Ressourcen für neue Teammitglieder, damit sie sich schnell an die virtuelle Umgebung gewöhnen können.

8. Backup- und Wiederherstellungspläne:

- Erstellen Sie robuste Backup- und Wiederherstellungspläne für kritische Daten.
- Sichern Sie wichtige Dokumente regelmäßig und stellen Sie den Zugriff bei technischen Problemen sicher.

9. Virtuelles Teambuilding:

- Fördern Sie den Sinn für Teamarbeit und Zusammenarbeit durch virtuelle Teambuilding-Aktivitäten.
- Nutzen Sie Online-Kommunikationsplattformen, um Teammitglieder einzubeziehen und eine positive Teamkultur aufrechtzuerhalten.

10. Kontinuierliche Verbesserung:

- Bewerten Sie regelmäßig die Wirksamkeit Ihres virtuellen Arbeitsplatzes.
- Holen Sie Feedback von Teammitgliedern ein und nehmen Sie Anpassungen vor, um die Effizienz zu verbessern und etwaige Herausforderungen anzugehen.

Das Einrichten Ihres virtuellen Arbeitsplatzes ist keine einmalige Aufgabe, sondern ein fortlaufender Prozess der Verfeinerung und Anpassung. Indem Sie Zeit und Mühe in die Schaffung einer gut organisierten und sicheren virtuellen Umgebung investieren, positionieren Sie sich und Ihr Team für den Erfolg in der virtuellen Großhandelslandschaft.

Wesentliche Tools für den virtuellen Großhandel

Erfolgreicher virtueller Großhandel basiert auf einer Reihe wichtiger Tools, die Prozesse rationalisieren,

Virtueller Großhandel Reichtum

die Kommunikation verbessern und eine effiziente Entscheidungsfindung erleichtern. Hier sind die wichtigsten Tools, die Sie in Ihr virtuelles Großhandels-Toolkit integrieren sollten:

1. Online-Marktplätze:

- Zillow, Redfin, Realtor.com: Nutzen Sie diese Plattformen zur Immobiliensuche, Marktanalyse und Identifizierung potenzieller Geschäfte.
- PropStream, DealMachine: Entdecken Sie Tools, die speziell für Immobilieninvestoren entwickelt wurden und erweiterte Funktionen für die Beschaffung von Deals und die Immobilienanalyse bieten.

2. Kommunikation und Zusammenarbeit:

- Zoom, Microsoft Teams, Google Meet: Nutzen Sie Videokonferenztools für virtuelle Besprechungen, Verhandlungen und Teamzusammenarbeit.

- Slack, Microsoft Teams, Trello: Nutzen Sie Messaging- und Projektmanagementplattformen, um die Kommunikation zu verbessern und die Zusammenarbeit zu optimieren.

3. Dokumentenmanagement:

- Google Drive, Dropbox, OneDrive: Nutzen Sie cloudbasierten Speicher für sichere Dokumentenfreigabe, Zusammenarbeit und Organisation.
- DocuSign: Implementieren Sie elektronische Signaturlösungen, um den Dokumentensignierungsprozess zu optimieren.

4. Datenanalyse und Forschung:

- Reonomy, DataTree, RealQuest: Zugriff auf Datenanalysetools für eingehende Marktforschung, Immobilienbewertung und Due Diligence.

Virtueller Großhandel Reichtum

- Google Analytics: Nutzen Sie Webanalysen für Einblicke in Online-Markttrends und Benutzerverhalten.

5. Kundenbeziehungsmanagement (CRM):

- Podio, Zoho CRM, Salesforce: Implementieren Sie CRM-Tools, um Leads zu verwalten, Interaktionen zu verfolgen und die Kommunikation mit Käufern und Verkäufern zu optimieren.

6. Virtuelles privates Netzwerk (VPN):

- ExpressVPN, NordVPN:
Erhöhen Sie die Cybersicherheit, indem Sie ein VPN verwenden, um Ihre Internetverbindung zu sichern und sensible Daten zu schützen.

7. Projektmanagement:

- Asana, Monday.com, Jira: Nutzen Sie Projektmanagement-Tools, um Aufgaben zu organisieren, den Fortschritt zu verfolgen und

Virtueller Großhandel Reichtum

effiziente Arbeitsabläufe in Ihrem virtuellen Team sicherzustellen.

8. Datenvisualisierung:

- Tableau, Google Data Studio: Visualisieren Sie Daten, um umsetzbare Erkenntnisse zu gewinnen und fundierte Entscheidungen auf der Grundlage von Markttrends und Leistungskennzahlen zu treffen.

9. Virtuelle Telefonsysteme:

- RingCentral, Grasshopper, Google Voice: Nutzen Sie virtuelle Telefonsysteme für professionelle Kommunikation, Voicemail und Anrufweiterleitung.

10. Online-Marketing-Tools:

- Canva, Adobe Spark: Erstellen Sie optisch ansprechende Marketingmaterialien für Immobilienangebote und Werbeaktionen.
- Mailchimp, Constant Contact: Implementieren Sie E-Mail-Marketing-Tools

für eine gezielte Ansprache potenzieller Käufer und Verkäufer.

11. Finanzmanagement:

- QuickBooks, Xero: Verwalten Sie Finanzen, verfolgen Sie Ausgaben und führen Sie genaue Aufzeichnungen für Ihr virtuelles Großhandelsunternehmen.

12. Marktplatz-Analysetools:

- Costar, Mashvisor: Greifen Sie auf Tools zu, die umfassende Daten und Analysen der Immobilienmärkte liefern und Ihnen dabei helfen, fundierte Investitionsentscheidungen zu treffen.

13. Elektronische Zahlungsplattformen:

- Square, PayPal, Stripe: Ermöglichen sichere und effiziente Online-Transaktionen, besonders nützlich für ernsthafte Geldeinzahlungen und andere Finanztransaktionen.

14. Social-Media-Management:

- Hootsuite, Buffer: Verwalten und planen Sie Social-Media-Beiträge, um Einträge zu bewerben, mit der Zielgruppe in Kontakt zu treten und eine Online-Präsenz aufzubauen.

15. Backup und Sicherheit:

- Backblaze, CrashPlan: Implementieren Sie Backup-Lösungen, um die Sicherheit und Zugänglichkeit kritischer Daten zu gewährleisten.

Durch die Auswahl und Integration dieser Tools in Ihre virtuellen Großhandelsabläufe steigern Sie nicht nur Ihre Effizienz, sondern versetzen Ihr Unternehmen auch in die Lage, die dynamischen Möglichkeiten der digitalen Immobilienlandschaft zu nutzen.

Erstellen eine produktive und sichere virtuelle Umgebung

Der Aufbau einer produktiven und sicheren virtuellen Umgebung ist entscheidend für den Erfolg Ihres virtuellen Großhandelsbetriebs. Dazu gehört die Kombination der richtigen Tools, die Implementierung robuster Sicherheitsmaßnahmen und die Förderung einer Kultur der Zusammenarbeit in Ihrem virtuellen Team. Hier ist ein Leitfaden zum Erstellen einer produktiven und sicheren virtuellen Umgebung für Ihr Immobilienunternehmen:

1. Kollaborationsplattformen:

 - Nutzen Sie Plattformen wie Microsoft Teams, Slack oder Trello, um eine nahtlose Kommunikation und Zusammenarbeit zwischen Teammitgliedern zu ermöglichen.

 - Richten Sie klare Kanäle für verschiedene Aspekte Ihres Unternehmens ein, vom Lead-Management bis zur Geschäftsanalyse.

2. Sichere Kommunikationskanäle:

- Fördern Sie den Einsatz verschlüsselter Kommunikationstools für sensible Diskussionen, wie Vertragsverhandlungen und Finanztransaktionen.

- Implementieren Sie sichere E-Mail-Plattformen und erwägen Sie die Verwendung einer Ende-zu-Ende-Verschlüsselung für vertrauliche Informationen.

3. Virtuelles privates Netzwerk (VPN):

- Erfordern Sie die Verwendung eines VPN, um Internetverbindungen zu sichern und über virtuelle Netzwerke übertragene Daten zu schützen.

- Informieren Sie Ihr Team über die Bedeutung von VPNs für die Sicherheit von Remote-Arbeiten.

4. Multi-Faktor-Authentifizierung (MFA):

- Aktivieren Sie MFA für alle wichtigen Geschäftsanwendungen, um den Benutzerkonten eine zusätzliche Sicherheitsebene hinzuzufügen.

- Stellen Sie sicher, dass die Teammitglieder mit MFA vertraut sind und regelmäßig darauf zugreifen, um auf sensible Systeme zuzugreifen.

5. Regelmäßige Sicherheitsschulung:

- Führen Sie regelmäßige Sicherheitsschulungen durch, um Ihr Team über potenzielle Cyberbedrohungen und Best Practices für die Aufrechterhaltung einer sicheren virtuellen Umgebung aufzuklären.

- Bleiben Sie über die neuesten Cybersicherheitstrends auf dem Laufenden und teilen Sie relevante Updates mit Ihrem Team.

6. Cloudbasiertes Dokumentenmanagement:

- Wählen Sie sichere, cloudbasierte Dokumentenverwaltungsplattformen wie Google Drive oder Microsoft OneDrive zum Speichern und Teilen von Dokumenten.

- Implementieren Sie Zugriffskontrollen und Berechtigungen, um vertrauliche Informationen einzuschränken.

7. Endpunktsicherheit:

- Fordern Sie alle Teammitglieder auf, auf ihren Geräten über aktualisierte Antivirensoftware und Endpunktsicherheitslösungen zu verfügen.

- Führen Sie regelmäßig Sicherheitsüberprüfungen an Geräten durch, um potenzielle Schwachstellen zu identifizieren und zu beheben.

8. Regelmäßige Backups:

- Richten Sie eine Routine für regelmäßige Backups wichtiger Geschäftsdaten ein.

- Stellen Sie sicher, dass Backup-Systeme regelmäßig getestet werden, um die Datenwiederherstellung im Falle unerwarteter Ereignisse zu gewährleisten.

9. Sichere Videokonferenzen:

- Wählen Sie sichere Videokonferenzplattformen mit Ende-zu-Ende-Verschlüsselung für virtuelle Meetings.

- Implementieren Sie Meeting-Passwörter und kontrollieren Sie den Zugriff, um sicherzustellen, dass nur autorisierte Teilnehmer teilnehmen.

10. Datenverschlüsselung:

- Aktivieren Sie die Verschlüsselung sensibler Daten, sowohl während der Übertragung als auch im Ruhezustand.

- Nutzen Sie Tools, die E-Mails mit vertraulichen Informationen automatisch verschlüsseln.

11. Sichere Wi-Fi-Netzwerke:

- Ermutigen Sie die Teammitglieder, sichere, passwortgeschützte WLAN-Netzwerke zu nutzen, um unbefugten Zugriff zu verhindern.

- Erwägen Sie die Bereitstellung von Richtlinien zur Sicherung von Heim-WLAN-Netzwerken.

12. Geräterichtlinien für Mitarbeiter:

- Richtlinien zur Nutzung persönlicher Geräte bei der Arbeit entwickeln und kommunizieren.

- Maßnahmen ergreifen, um sicherzustellen, dass die für die Arbeit verwendeten persönlichen Geräte sicher sind und den Unternehmensrichtlinien entsprechen.

13. Reaktionsplan für Vorfälle:

- Erstellen Sie einen Reaktionsplan für Vorfälle, in dem die Schritte aufgeführt sind, die im Falle eines Sicherheitsvorfalls zu ergreifen sind.

- Führen Sie regelmäßige Übungen durch, um sicherzustellen, dass Ihr Team darauf vorbereitet ist, effektiv auf Sicherheitsvorfälle zu reagieren.

14. Regelmäßige Audits und Beurteilungen:

- Führen Sie regelmäßige Sicherheitsüberprüfungen und -bewertungen Ihrer virtuellen Umgebung durch, um potenzielle Schwachstellen zu identifizieren und zu beheben.

- Bleiben Sie bei der Bewältigung von Sicherheitsrisiken proaktiv, wenn sich Technologie und Bedrohungen weiterentwickeln.

15. Sicherer Zugriff auf Tools:

- Implementieren Sie rollenbasierte Zugriffskontrollen, um sicherzustellen, dass Teammitglieder nur Zugriff auf die Tools und Informationen haben, die für ihre Rollen erforderlich sind.

- Überprüfen und aktualisieren Sie die Zugriffsberechtigungen regelmäßig basierend auf Teamänderungen.

Durch die Umsetzung dieser Maßnahmen schaffen Sie eine virtuelle Umgebung, die nicht nur die Produktivität steigert, sondern auch Ihre Geschäfts- und Kundeninformationen schützt. Überprüfen und aktualisieren Sie Ihre Sicherheitspraktiken regelmäßig, um neuen Bedrohungen immer einen Schritt voraus zu sein und einen sicheren virtuellen Arbeitsplatz zu gewährleisten.

Maximierung der Effizienz mit Technologie

Die Maximierung der Effizienz durch Technologie ist ein Grundstein für einen erfolgreichen virtuellen Großhandel. Der Einsatz der richtigen Tools und Systeme kann Prozesse rationalisieren, die Zusammenarbeit verbessern und letztendlich die Produktivität steigern.

Hier ist ein Leitfaden, der Ihnen hilft, die Effizienz durch Technologie in Ihrem virtuellen Großhandelsunternehmen zu maximieren:

1. Automatisierungstools:

- Nutzen Sie Automatisierungstools für wiederkehrende Aufgaben wie E-Mail-Kampagnen, Lead-Follow-ups und Dokumentenerstellung.

– Beispiele hierfür sind Zapier, Integromat oder Tools mit integrierten Automatisierungsfunktionen in CRM-Plattformen.

2. Customer Relationship Management (CRM)-System:

- Implementieren Sie ein CRM-System, um Leads zu verwalten, Interaktionen zu verfolgen und die Kommunikation mit Käufern und Verkäufern zu optimieren.

- Passen Sie Ihr CRM an die spezifischen Anforderungen Ihres virtuellen Großhandelsunternehmens an.

3. Dokumentendigitalisierung:

- Digitalisieren und zentralisieren Sie wichtige Dokumente mit Tools wie Adobe Acrobat oder CamScanner.

- Implementieren Sie elektronische Dokumentensignaturplattformen wie DocuSign für nahtlose und sichere Transaktionen.

4. Cloudbasiertes Projektmanagement:

-Nutzen Sie cloudbasierte Projektmanagement-Tools wie Asana, Monday.com oder Trello, um Aufgaben zu organisieren, Fortschritte zu verfolgen und die Zusammenarbeit im Team zu verbessern.

- Gewährleisten Sie Echtzeitzugriff auf Projektaktualisierungen und Aufgabenzuweisungen.

5. Virtuelle Kommunikationstools:

- Nutzen Sie Videokonferenztools wie Zoom, Microsoft Teams oder Google Meet für virtuelle Meetings, Verhandlungen und Teamdiskussionen.

- Nutzen Sie Messaging-Plattformen wie Slack oder Microsoft Teams für schnelle Kommunikation und Zusammenarbeit.

6. Digitale Marketingplattformen:

- Nutzen Sie digitale Marketingtools für Immobilienangebote, Werbeaktionen und die Kontaktaufnahme mit potenziellen Käufern.

– Plattformen wie Canva oder Adobe Spark können dabei helfen, optisch ansprechende Marketingmaterialien zu erstellen.

7. Datenanalyse und Marktforschung:

- Nutzen Sie Datenanalysetools und -plattformen für eingehende Marktforschung, Immobilienbewertung und fundierte Entscheidungsfindung.

- Bleiben Sie über die neuesten Trends in der Immobiliendatenanalyse auf dem Laufenden.

8. Online-Marktplätze und Immobilienplattformen:

- Nutzen Sie Online-Marktplätze und Immobilienplattformen wie Zillow, Redfin oder PropStream für die Immobiliensuche, Deal Sourcing und Marktanalyse.

- Entdecken Sie Plattformen, die speziell für Immobilieninvestoren entwickelt wurden, wie DealMachine oder Reonomy.

9. Virtuelle Touren und 3D-Bildgebung:

- Implementieren Sie virtuelle Rundgangstechnologien, um Immobilien online zu präsentieren.

Virtueller Großhandel Reichtum

- Nutzen Sie 3D-Bildgebungstools, um potenziellen Käufern einen umfassenden Überblick über die Immobilien zu bieten.

10. Finanzmanagement-Software:

- Nutzen Sie Finanzmanagementsoftware wie QuickBooks, Xero oder FreshBooks, um Finanzen zu verwalten, Ausgaben zu verfolgen und genaue Aufzeichnungen zu führen.

- Stellen Sie eine nahtlose Integration mit anderen Tools in Ihrem Tech-Stack sicher.

11. Aufgabenautomatisierung in E-Mail:

- Implementieren Sie Funktionen zur Aufgabenautomatisierung in E-Mail-Plattformen für eine effiziente Nachverfolgung und Lead-Verwaltung.

- Nutzen Sie Tools wie Boomerang oder FollowUpThen, um E-Mail-Erinnerungen zu automatisieren.

12. Kollaborative Dokumentenbearbeitung:

- Verwenden Sie Tools zur kollaborativen Dokumentbearbeitung wie Google Workspace oder Microsoft Office 365 für die Zusammenarbeit in Echtzeit an Dokumenten und Tabellenkalkulationen.

- Stellen Sie sicher, dass alle Teammitglieder Zugriff auf die neuesten Versionen wichtiger Dokumente haben.

13. Mobile Apps für die Verwaltung unterwegs:

- Nutzen Sie mobile Apps für die Verwaltung unterwegs und den schnellen Zugriff auf wichtige Informationen.

- Stellen Sie sicher, dass wichtige Tools und Plattformen über benutzerfreundliche mobile Anwendungen verfügen.

14. KI und Predictive Analytics:

- Entdecken Sie KI- und Predictive-Analytics-Tools, um Trends zu erkennen, Immobilienwerte zu bewerten und Marktveränderungen vorherzusagen.

- Bleiben Sie über neue Technologien in der Immobilienbranche auf dem Laufenden.

15. Trainingsplattformen für kontinuierliches Lernen:

- Implementieren Sie Online-Schulungsplattformen, um Ihr Team über die neuesten Technologien, Branchentrends und Best Practices auf dem Laufenden zu halten.

- Fördern Sie kontinuierliches Lernen, um auf dem wettbewerbsintensiven Immobilienmarkt die Nase vorn zu haben.

Virtueller Großhandel Reichtum

Durch die strategische Integration dieser Technologien in Ihr virtuelles Großhandelsgeschäft schaffen Sie einen effizienteren und optimierten Betrieb, der es Ihnen ermöglicht, sich auf wichtige Aspekte Ihres Unternehmens zu konzentrieren und gleichzeitig die Leistungsfähigkeit der Technologie zu nutzen, um den Erfolg voranzutreiben. Bewerten und aktualisieren Sie Ihren Tech-Stack regelmäßig, um mit den Fortschritten der Branche Schritt zu halten.

Virtueller Großhandel Reichtum

KAPITEL 3

LUKRATIVE VIRTUELLE ANGEBOTE FINDEN

Die Suche nach lukrativen virtuellen Deals im Immobilienbereich erfordert einen strategischen Ansatz, den Einsatz digitaler Tools, Marktkenntnisse und effektives Networking. Hier ist ein Leitfaden, der Ihnen hilft, profitable virtuelle Geschäfte in der Welt des virtuellen Großhandels zu identifizieren und zu sichern:

Online-Marktplätze:

- Entdecken Sie beliebte Online-Immobilienmarktplätze wie Zillow, Redfin, Realtor.com und PropStream zur Immobiliensuche.

- Richten Sie benutzerdefinierte Benachrichtigungen basierend auf Ihren Investitionskriterien ein, um

Benachrichtigungen über potenzielle Geschäfte zu erhalten.

Datenanalyse für die Marktforschung:

- Nutzen Sie Datenanalysetools, um Markttrends, Immobilienwerte und Investitionspotenzial zu analysieren.

- Plattformen wie Reonomy, DataTree oder RealQuest können detaillierte Einblicke in bestimmte Märkte bieten.

Netzwerk auf virtuellen Plattformen:

- Beteiligen Sie sich an virtuellen Immobilienforen, Social-Media-Gruppen und Online-Communities, um mit anderen Investoren, Immobilienfachleuten und potenziellen Verkäufern in Kontakt zu treten.

- Plattformen wie BiggerPockets, LinkedIn oder immobilienorientierte Facebook-Gruppen können für die Vernetzung wertvoll sein.

Direktmarketing und Kaltakquise:

- Implementieren Sie gezielte Direktmarketingkampagnen über E-Mail, soziale Medien oder Direktwerbung, um potenzielle Verkäufer zu erreichen.

- Erwägen Sie den Einsatz virtueller Telefonsysteme für effiziente Kaltakquise-Kampagnen.

Untersuchen Sie notleidende Immobilien:

- Identifizieren Sie notleidende Immobilien mithilfe von Online-Datenbanken oder Aufzeichnungen der örtlichen Behörden.

- Kontaktieren Sie Immobilieneigentümer, die vor finanziellen Herausforderungen stehen, und erkunden Sie potenzielle Möglichkeiten für den virtuellen Großhandel.

Virtuelle Immobilienbesichtigungen und 3D-Bildgebung:

- Nutzen Sie virtuelle Rundgänge und 3D-Bildgebung, um Immobilien aus der Ferne zu erkunden.
- Arbeiten Sie mit Verkäufern zusammen, um potenziellen Käufern virtuelle Immobilienbesichtigungen anzubieten.

Arbeiten Sie mit lokalen Großhändlern zusammen:

- Bauen Sie Beziehungen zu lokalen Großhändlern auf, die als Ihre Augen und Ohren vor Ort fungieren können.
- Arbeiten Sie mit lokalen Großhändlern zusammen, um Ihre Reichweite zu erweitern und Einblicke in bestimmte Märkte zu gewinnen.

Nehmen Sie an virtuellen Immobilienveranstaltungen teil:

- Nehmen Sie an virtuellen Konferenzen, Webinaren und Branchenveranstaltungen teil, um über Markttrends auf dem Laufenden zu bleiben und mit potenziellen Verkäufern und Käufern in Kontakt zu treten.

- Vernetzen Sie sich mit anderen Investoren und Fachleuten im virtuellen Immobilienbereich.

Automatisieren Sie die Lead-Generierung:

- Implementieren Sie Automatisierungstools für die Lead-Generierung, Nachverfolgung und Nachverfolgung.

- Nutzen Sie Plattformen wie Zapier oder Integromat, um Ihren Lead-Generierungsprozess zu optimieren.

SEO für virtuelle Präsenz:

- Optimieren Sie Ihre Online-Präsenz und Website für Suchmaschinen.

- Implementieren Sie SEO-Strategien, um die Sichtbarkeit zu erhöhen und potenzielle Verkäufer anzulocken, die ihre Immobilien virtuell verkaufen möchten.

Entdecken Sie virtuelle Auktionen:

- Nehmen Sie an virtuellen Immobilienauktionen teil, um potenzielle Angebote zu entdecken.

- Online-Auktionsplattformen bieten die Möglichkeit, aus der Ferne auf Immobilien zu bieten und diese zu erwerben.

Bauen Sie ein virtuelles Team auf:

- Stellen Sie ein virtuelles Team mit Fachkenntnissen in verschiedenen Aspekten von Immobilien zusammen, einschließlich Immobilienbewertung, Rechtsangelegenheiten und Marketing.

- Nutzen Sie die kollektiven Stärken Ihres Teams, um virtuelle Deals effektiv zu identifizieren und zu bewerten.

Virtueller Großhandel Reichtum

Arbeiten Sie mit Immobilienmaklern zusammen:

- Arbeiten Sie mit virtuellen Immobilienmaklern zusammen, die Sie bei der Identifizierung und Bewertung von Immobilien unterstützen können.

- Immobilienmakler haben möglicherweise Zugang zu exklusiven Angeboten und wertvollen Markteinblicken.

Bleiben Sie über Markttrends auf dem Laufenden:

- Überwachen Sie regelmäßig Markttrends, Wirtschaftsindikatoren und Änderungen der örtlichen Vorschriften.

- Bleiben Sie über Veränderungen in den Käuferpräferenzen und neue Chancen im virtuellen Immobilienbereich auf dem Laufenden.

Kontinuierliches Lernen und Anpassung:

- Nehmen Sie an kontinuierlichem Lernen teil, um über neue Technologien, Tools und Strategien in der virtuellen Großhandelslandschaft auf dem Laufenden zu bleiben.

- Seien Sie anpassungsfähig und passen Sie Ihren Ansatz an die Marktdynamik und sich entwickelnde Branchentrends an.

Durch die Kombination dieser Strategien und einen proaktiven Ansatz können Sie sich in die Lage versetzen, lukrative virtuelle Geschäfte zu finden, Chancen zu nutzen und in der dynamischen Welt des virtuellen Großhandels erfolgreich zu sein.

Navigieren im Online-Marktplatz

Die Navigation auf Online-Immobilienmarktplätzen ist ein entscheidender Aspekt des virtuellen Großhandels. Diese Plattformen bieten eine Fülle von Immobilieninformationen, potenziellen Deals und Networking-Möglichkeiten. Hier finden Sie eine Anleitung zur effektiven Navigation auf Online-Marktplätzen für den virtuellen Großhandel:

Wählen Sie die richtigen Plattformen:

- Identifizieren Sie beliebte Online-Immobilienmarktplätze wie Zillow, Redfin, Realtor.com und PropStream.

- Ziehen Sie spezielle Plattformen in Betracht, die sich an Immobilieninvestoren richten, wie DealMachine, Reonomy oder Mashvisor.

Legen Sie klare Investitionskriterien fest:

- Definieren Sie Ihre Investitionskriterien, einschließlich Standort, Immobilientyp, Budget und potenzielle Gewinnspannen.

- Verwenden Sie diese Kriterien, um Angebote auf Online-Marktplätzen zu filtern und einzugrenzen.

Erstellen Sie benutzerdefinierte Benachrichtigungen:

- Nutzen Sie die Benachrichtigungsfunktionen auf Online-Plattformen, um Benachrichtigungen zu erhalten, wenn neue Immobilien gelistet werden, die Ihren Kriterien entsprechen.

- Richten Sie benutzerdefinierte Benachrichtigungen ein, um Ihren Immobilienermittlungsprozess zu optimieren.

Analysieren Sie Markttrends:

- Nutzen Sie die von diesen Plattformen bereitgestellten Marktdaten und Analysetools, um lokale Markttrends zu verstehen.

- Analysieren Sie historische Daten, Preistrends und Immobilienwerte, um fundierte Investitionsentscheidungen zu treffen.

Nutzen Sie erweiterte Suchfilter:

- Nutzen Sie erweiterte Suchfilter auf Online-Marktplätzen, um Ihre Immobiliensuche zu verfeinern.

- Filter können Grundstücksgröße, Anzahl der Schlafzimmer/Badezimmer und spezifische Merkmale umfassen.

Virtueller Großhandel Reichtum

Entdecken Sie Off-Market-Immobilien:

- Untersuchen Sie Funktionen auf bestimmten Plattformen, die Ihnen den Zugriff auf außerbörsliche Immobilien oder Immobilien vor der Zwangsvollstreckung ermöglichen.

- Die Vernetzung mit lokalen Vertretern und Großhändlern kann auch Einblicke in Off-Market-Möglichkeiten liefern.

Nehmen Sie an virtuellen Touren teil:

- Nutzen Sie die virtuellen Rundgangsmöglichkeiten, sofern auf der Plattform verfügbar.

- Virtuelle Rundgänge bieten einen umfassenden Überblick über die Immobilie, ohne dass physische Besuche erforderlich sind.

Immobilienhistorie und -daten verstehen:

- Überprüfen Sie Immobilienhistorien, Transaktionsdaten und alle verfügbaren Berichte auf der Online-Plattform.

- Verstehen Sie den Hintergrund der Immobilie, Eigentümerwechsel und mögliche Probleme.

Verbinden Sie sich mit lokalen Agenten:

- Arbeiten Sie mit lokalen Immobilienmaklern zusammen, die möglicherweise exklusiven Zugriff auf bestimmte Angebote haben.

- Bauen Sie Beziehungen zu Agenten auf, die wertvolle Einblicke in den lokalen Markt geben können.

Vernetzung mit Verkäufern und Käufern:

- Nutzen Sie die Netzwerkfunktionen des Marktplatzes, um mit potenziellen Verkäufern und Käufern in Kontakt zu treten.

- Der Aufbau von Beziehungen innerhalb der Community der Plattform kann zu Off-Market-Chancen führen.

Virtueller Großhandel Reichtum

Bleiben Sie über Marktvorschriften auf dem Laufenden:

- Beachten Sie alle lokalen oder regionalen Vorschriften, die sich auf Immobilientransaktionen auswirken.

- Bleiben Sie über Änderungen der Bebauungsgesetze, Grundsteuern und anderer regulatorischer Faktoren auf dem Laufenden.

Verwenden Sie mehrere Plattformen:

- Diversifizieren Sie Ihren Ansatz, indem Sie mehrere Online-Marktplätze nutzen, um auf ein breiteres Angebot an Immobilien zuzugreifen.

- Jede Plattform bietet möglicherweise einzigartige Funktionen und Möglichkeiten.

Nachbarschaftsinformationen auswerten:

- Bewerten Sie die auf der Plattform bereitgestellten Nachbarschaftsinformationen, einschließlich Kriminalitätsraten, Schulbewertungen und lokaler Annehmlichkeiten.

- Verstehen Sie den Nachbarschaftskontext, bevor Sie über eine Immobilie nachdenken.

Finanzierungsoptionen prüfen:

- Entdecken Sie Finanzierungsoptionen und Hypothekenrechner, die auf einigen Plattformen verfügbar sind.

- Verstehen Sie die finanzielle Machbarkeit potenzieller Geschäfte mithilfe der bereitgestellten Tools.

Beteiligen Sie sich an Diskussionen und Foren:

- Nehmen Sie an Diskussionen und Foren innerhalb der Marktplatz-Community teil.

- Tauschen Sie Erkenntnisse mit anderen Investoren aus, gewinnen Sie Wissen und erweitern Sie Ihr Netzwerk.

Die effektive Navigation auf Online-Immobilienmarktplätzen erfordert eine Kombination aus strategischer Filterung,

Datenanalyse und aktiver Vernetzung. Durch die Beherrschung dieser Tools und Funktionen können Sie lukrative Möglichkeiten des virtuellen Großhandels entdecken und auf dem dynamischen Immobilienmarkt an der Spitze bleiben.

Nutzung von Daten und Analysen zur Identifizierung von Chancen

Die Nutzung von Daten und Analysen ist eine leistungsstarke Strategie zur Identifizierung von Möglichkeiten im virtuellen Großhandel. Durch den Einsatz von Technologie und die Analyse von Markttrends können Sie fundierte Entscheidungen treffen und lukrative Geschäfte aufdecken. So nutzen Sie Daten und Analysen effektiv in Ihrem virtuellen Großhandel:

Marktforschung und Datenquellen:

- **Entdecken Sie umfassende Datenbanken:** Nutzen Sie Immobiliendatenbanken wie Reonomy, DataTree oder RealQuest, um auf detaillierte Immobilieninformationen, Eigentumsunterlagen und Markttrends zuzugreifen.

- **Regierungsunterlagen:** Nutzen Sie lokale Regierungsunterlagen, Gutachterbüros und öffentliche Datenbanken, um zusätzliche Daten zu Immobilien, Steuerbescheiden und Eigentumshistorien zu erhalten.

Anlagekriterien definieren:

- **Standort und Immobilientyp:** Definieren Sie klar Ihre Investitionskriterien, einschließlich bevorzugter Standorte, Immobilientypen, Budgetspanne und potenzieller Gewinnspannen.

- **Marktbedingungen:** Berücksichtigen Sie die aktuellen Marktbedingungen, Wirtschaftsindikatoren und lokalen Faktoren, die den Immobilienwert beeinflussen können.

Datengestützte Immobilienbewertung:

- **Vergleichende Marktanalyse (CMA):** Führen Sie mithilfe von Datenanalysen eine CMA durch, um den Wert einer Immobilie im Vergleich zu ähnlichen Immobilien in der Gegend zu bewerten.

- **Wertschätzungstrends:** Analysieren Sie historische Daten, um Trends bei der Wertsteigerung oder -abwertung von Immobilien in bestimmten Stadtteilen zu ermitteln.

Identifizieren Sie notleidende Immobilien:

- **Daten zur Zwangsvollstreckung:** Nutzen Sie Zwangsvollstreckungsdaten und Informationen vor der Zwangsvollstreckung, um notleidende Immobilien zu identifizieren, die potenzielle Chancen bieten könnten.

- **Finanzielle Stressindikatoren:** Suchen Sie in den Immobilienunterlagen nach Indikatoren für finanzielle Belastungen, wie z. B. Steuerpfandrechten oder überfälligen Zahlungen.

Prädiktive Analysen:

- **Vorhersagemodellierung:** Erkunden Sie prädiktive Analysemodelle, um zukünftige Markttrends vorherzusagen und neue Chancen zu identifizieren.

- **KI-basierte Tools:** Erwägen Sie KI-basierte Tools, die große Datensätze analysieren, um potenzielle Veränderungen des Immobilienwerts oder der Marktnachfrage vorherzusagen.

Markttrends und Demografie:

- **Demografische Daten:** Nutzen Sie demografische Daten, um die Merkmale der lokalen Bevölkerung, potenzieller Käufer und Mieter zu verstehen.

- **Beschäftigungs- und Wirtschaftstrends:** Überwachen Sie Beschäftigungsquoten, Wirtschaftswachstum und Branchentrends, die sich auf den Immobilienmarkt auswirken können.

Virtuelle Großhandelsplattformen:

- **PropTech-Lösungen:** Nutzen Sie für Immobilieninvestoren entwickelte Technologieplattformen wie DealMachine, um auf Daten zuzugreifen, Immobilien zu analysieren und die Beschaffung von Deals zu optimieren.

- **Integrierte Analyse:** Wählen Sie Plattformen, die integrierte Analysetools für eine umfassende Immobilienbewertung bieten.

Bewerten Sie das Potenzial für Mieteinnahmen:

- **Mietertragsberechnungen:** Analysieren Sie das Mietrenditepotenzial, indem Sie Immobilienpreise, Mietpreise und Leerstandsquoten in der Region berücksichtigen.

- **Lokale Mietvergleiche:** Vergleichen Sie die Mietpreise im Zielgebiet, um die Nachfrage nach Mietobjekten zu verstehen.

Bewerten Sie historische Verkaufsdaten:

- **Verkaufspreistrends:** Überprüfen Sie historische Verkaufsdaten, um Muster bei Verkaufspreisen und Marktschwankungen zu erkennen.

- **Saisonale Muster:** Berücksichtigen Sie saisonale Schwankungen, die sich auf Immobilienverkäufe und -preise auswirken können.

Social Media und Online-Präsenz:

- **Online-Stimmungsanalyse**: Überwachen Sie soziale Medien und Online-Foren zur Stimmungsanalyse in Bezug auf bestimmte Stadtteile oder Immobilientypen.

- **Online-Präsenz der Verkäufer:** Bewerten Sie die Online-Präsenz potenzieller Verkäufer, um deren Motivation und Situation einzuschätzen.

Virtueller Großhandel Reichtum

Netzwerk- und kollaborative Daten:

- **Zusammenarbeit mit lokalen Großhändlern:** Vernetzen Sie sich mit lokalen Großhändlern und Investoren, um Erkenntnisse auszutauschen und bei der Datenerfassung zusammenzuarbeiten.

- **Crowdsourcing-Datenplattformen:** Entdecken Sie Crowdsourcing-Datenplattformen, auf denen Investoren Informationen über lokale Märkte und potenzielle Geschäfte austauschen.

Umwelt- und Zonendaten:

- **Bebauungsvorschriften:** Analysieren Sie die Bebauungsvorschriften, um mögliche Einschränkungen oder Möglichkeiten für die Immobilienentwicklung zu verstehen.

Virtueller Großhandel Reichtum

- **Umweltbelastung:** Berücksichtigen Sie Umweltdaten, um Immobilien mit potenziellen Herausforderungen oder Chancen aufgrund ihrer Umgebung zu identifizieren.

Bewerten Sie Schulbezirke:

- **Schulbewertungen:** Berücksichtigen Sie die Bewertungen des Schulbezirks und die Bildungsqualität in der Region, da dies den Immobilienwert und die Nachfrage beeinflussen kann.

- **Nachbarschaftsstabilität:** Stabile Viertel mit guten Schulen ziehen oft Langzeitbewohner an.

Szenario Analyse:

- **Sensitivitätsanalyse:** Führen Sie eine Sensitivitätsanalyse durch, um zu beurteilen, wie sich Änderungen verschiedener Faktoren (Zinssätze, Grundsteuern usw.) auf potenzielle Geschäfte auswirken können.

- **Risikobewertung:** Bewerten Sie potenzielle Risiken und Unsicherheiten, die mit jedem Geschäft verbunden sind, durch Szenarioanalysen.

Virtueller Großhandel Reichtum

Kontinuierliches Lernen und Anpassung:

- **Bleib informiert:** Aktualisieren Sie regelmäßig Ihr Wissen über Datenanalysetools, neue Technologien und Trends auf dem Immobilienmarkt.

- **An Änderungen anpassen:** Seien Sie anpassungsfähig und passen Sie Ihre Strategien an die sich entwickelnde Datenlandschaft und die Marktbedingungen an.

Durch die Integration dieser Daten- und Analysestrategien in Ihr virtuelles Großhandelsgeschäft können Sie sich einen Wettbewerbsvorteil verschaffen, lukrative Möglichkeiten erkennen und fundierte Entscheidungen treffen, die zu erfolgreichen Geschäften führen. Überprüfen und verfeinern Sie Ihren datengesteuerten Ansatz regelmäßig, um im dynamischen Immobilienmarkt die Nase vorn zu haben.

Entdecken Sie Off-Market-Juwelen

Das Aufspüren von Edelsteinen, die nicht auf dem Markt erhältlich sind, ist eine wertvolle Fähigkeit im virtuellen Großhandel, da Sie so auf potenzielle Angebote zugreifen können, die möglicherweise nicht öffentlich gelistet sind. Hier sind einige Schritte, wie Sie Off-Market-Chancen effektiv entdecken und verfolgen können:

Netzwerk mit lokalen Großhändlern:

- Bauen Sie Beziehungen zu lokalen Großhändlern auf, die möglicherweise Einblicke in Off-Market-Immobilien haben.

- Arbeiten Sie mit erfahrenen Großhändlern zusammen, um Zugang zu deren Netzwerk und potenziellen Off-Market-Leads zu erhalten.

Kontaktieren Sie Immobilienmakler:

- Stellen Sie Kontakte zu Immobilienmaklern her, die möglicherweise kleine Angebote oder exklusive Off-Market-Möglichkeiten haben.

Virtueller Großhandel Reichtum

- Teilen Sie Ihre Kriterien und Interessen den Agenten mit, die Sie für Off-Market-Deals berücksichtigen können.

Nehmen Sie an lokalen Immobilientreffen teil:

- Nehmen Sie an lokalen Immobilientreffen, Networking-Events und Investmentclubs teil.

- Diese Zusammenkünfte bieten häufig die Möglichkeit, mit Immobilieneigentümern, Investoren und Branchenexperten in Kontakt zu treten, die möglicherweise über Off-Market-Immobilien Bescheid wissen.

Nutzen Sie Online-Großhandelsplattformen:

- Entdecken Sie Online-Großhandelsplattformen, die auf Off-Market-Angebote spezialisiert sind.

- Plattformen wie DealMachine oder Realeflow bieten möglicherweise Zugang zu exklusiven Angeboten und Off-Market-Möglichkeiten.

Direktmailing-Kampagnen:

- Implementieren Sie gezielte Direktmailing-Kampagnen an Immobilieneigentümer in Ihrem Zielgebiet.

- Erstellen Sie personalisierte und überzeugende Botschaften, um die Aufmerksamkeit potenzieller Verkäufer zu erregen, die möglicherweise einen Verkauf außerhalb des Marktes in Betracht ziehen.

Kaltakquise und Kontaktaufnahme:

- Nehmen Sie an Kaltakquise-Kampagnen bei Immobilieneigentümern in den von Ihnen ausgewählten Stadtteilen teil.

- Entwickeln Sie ein Skript und eine Strategie für eine effektive Kontaktaufnahme, um potenzielle Off-Market-Chancen zu identifizieren.

Fahren Sie für Dollar:

- Fahren Sie physisch durch die Nachbarschaft oder erkunden Sie sie virtuell, um notleidende oder leerstehende Immobilien zu identifizieren.

Virtueller Großhandel Reichtum

- Nutzen Sie mobile Apps wie DealMachine, um den Prozess der Identifizierung und Kontaktaufnahme von Immobilieneigentümern zu optimieren.

Verbinden Sie sich über soziale Medien:

- Treten Sie lokalen Immobiliengruppen auf Social-Media-Plattformen bei.

- Arbeiten Sie mit Immobilieneigentümern und anderen Investoren zusammen, die möglicherweise außerhalb des Marktes Chancen innerhalb dieser Gruppen teilen.

Beteiligen Sie sich an lokalen Gemeinschaftsveranstaltungen:

- Nehmen Sie an Gemeinschaftsveranstaltungen teil und tauschen Sie sich mit Einheimischen aus.

- Mundpropaganda und persönliche Kontakte können manchmal zu Off-Market-Deals führen.

Virtueller Großhandel Reichtum

Bauen Sie eine starke Online-Präsenz auf:
- Erstellen Sie eine professionelle und informative Website, um Ihr Fachwissen und Ihr Interesse an Off-Market-Angeboten zu präsentieren.
- Ermutigen Sie Immobilieneigentümer, sich direkt an Sie zu wenden.

Nutzen Sie öffentliche Aufzeichnungen und Datenplattformen:
- Erkunden Sie öffentliche Aufzeichnungen und Datenplattformen, um potenzielle Off-Market-Chancen zu identifizieren.
- Suchen Sie nach Indikatoren wie abwesenden Eigentümern, Steuerrückständen oder Immobilien mit langer Eigentumsdauer.

Arbeiten Sie mit notleidenden Immobilieneigentümern:
- Identifizieren Sie notleidende Immobilieneigentümer, die möglicherweise motiviert sind, außerbörslich zu verkaufen.

- Finden Sie Lösungen, die auf Ihre spezifische Situation zugeschnitten sind.

Beteiligen Sie sich am Türklopfen:

- Türklopfen ist ein direkter und persönlicher Ansatz zur Identifizierung potenzieller Off-Market-Deals.

- Seien Sie mit Informationen über Ihre Dienstleistungen und die Vorteile des Verkaufs an Sie vorbereitet.

Arbeiten Sie mit Immobilienverwaltern zusammen:

- Bauen Sie Beziehungen zu Immobilienverwaltern auf, die möglicherweise Einblick in Eigentümer haben, die außerbörslich verkaufen möchten.

- Bieten Sie Anreize für Immobilienverwalter, die Ihnen Off-Market-Möglichkeiten empfehlen.

Untersuchen Sie abgelaufene Angebote:

- Recherchieren Sie abgelaufene Angebote, die vom Markt genommen wurden.

- Kontaktieren Sie die Immobilieneigentümer, um herauszufinden, ob sie noch an einem Verkauf interessiert und offen für Off-Market-Deals sind.

Seien Sie beharrlich und konsequent:

- Konsistenz ist der Schlüssel zum Aufspüren von Juwelen, die nicht auf dem Markt erhältlich sind.
- Bleiben Sie bei Ihren Kontakt- und Marketingbemühungen beharrlich, da es einige Zeit dauern kann, bis sich Möglichkeiten außerhalb des Marktes ergeben.

Nutzen Sie die Dienste des virtuellen Assistenten:

- Stellen Sie virtuelle Assistenten ein, um Recherchen und Öffentlichkeitsarbeit zu potenziellen Off-Market-Immobilien durchzuführen.
- Virtuelle Assistenten können dabei helfen, den Prozess der Lead-Identifizierung zu optimieren.

Nehmen Sie an Immobilienauktionen teil:

- Nehmen Sie an Immobilienauktionen teil, bei denen möglicherweise nicht auf dem Markt erhältliche Immobilien verfügbar sind.

- Vernetzen Sie sich mit anderen Teilnehmern, um mögliche Angebote zu erkunden.

Rechtliche Hinweise und Nachlassunterlagen:

- Überwachen Sie rechtliche Hinweise und Nachlassunterlagen auf potenzielle Off-Market-Chancen.

- Diese Aufzeichnungen können auf Immobilien hinweisen, die nicht aktiv gelistet sind, aber zum Verkauf stehen.

Bieten Sie kreative Lösungen an:

- Positionieren Sie sich als Problemlöser, der Immobilieneigentümern kreative Lösungen bieten kann.

- Passen Sie Ihren Ansatz an die individuellen Bedürfnisse jedes potenziellen Verkäufers an.

Virtueller Großhandel Reichtum

Denken Sie daran, dass der Schlüssel zum Erfolg bei der Entdeckung von Off-Market-Perlen eine Kombination aus Networking, gezieltem Marketing und kontinuierlicher Öffentlichkeitsarbeit ist. Indem Sie Ihre Strategien diversifizieren und konsequent mit potenziellen Leads interagieren, erhöhen Sie Ihre Chancen, lukrative Off-Market-Möglichkeiten im virtuellen Großhandel zu entdecken.

KAPITEL 4

ZUSAMMENSTELLUNG EINES FERNBEDIENTEN DREAM-TEAMS

Der Aufbau eines virtuellen Teams ist für den Erfolg Ihres virtuellen Großhandelsunternehmens von entscheidender Bedeutung. Ein gut organisiertes und effizientes Team kann Prozesse rationalisieren, die Produktivität steigern und zum Gesamtwachstum Ihres Unternehmens beitragen. Hier ist eine Schritt-für-Schritt-Anleitung zum Aufbau eines virtuellen Teams für Ihre virtuellen Großhandelsbemühungen:

Virtueller Großhandel Reichtum

Rollen und Verantwortlichkeiten definieren:

- Definieren Sie klar die Rollen und Verantwortlichkeiten, die für Ihr virtuelles Großhandelsteam erforderlich sind.

- Identifizieren Sie Schlüsselfunktionen wie Lead-Generierung, Immobilienanalyse, Verhandlungen, Marketing und administrative Unterstützung.

Identifizieren Sie die erforderlichen Fähigkeiten:

- Identifizieren Sie die spezifischen Fähigkeiten, die für jede Rolle in Ihrem virtuellen Team erforderlich sind.

- Berücksichtigen Sie Fähigkeiten wie Immobilienexpertise, digitales Marketing, Datenanalyse, Verhandlung und Kommunikation.

Rekrutierung und Einstellung:

- Nutzen Sie Online-Plattformen und Jobbörsen, um virtuelle Stellen auszuschreiben.

- Führen Sie gründliche Interviews durch, um die Fähigkeiten, Erfahrungen und Kompatibilität der Kandidaten mit einer virtuellen Arbeitsumgebung zu beurteilen.

Nutzen Sie Freiberufler und Auftragnehmer:

- Erwägen Sie die Beauftragung von Freiberuflern oder Auftragnehmern für bestimmte Aufgaben oder Projekte.

- Plattformen wie Upwork, Fiverr und Freelancer können Sie mit Fachleuten aus verschiedenen Bereichen verbinden.

Kommunikationsprotokolle einrichten:

- Legen Sie klare Kommunikationsprotokolle fest, um eine effektive Zusammenarbeit zwischen virtuellen Teammitgliedern sicherzustellen.

- Wählen Sie Kommunikationstools wie Slack, Microsoft Teams oder Zoom für regelmäßige Besprechungen, Updates und Diskussionen.

Bieten Sie Schulungen und Onboarding an:

- Entwickeln Sie umfassende Schulungsmaterialien und Ressourcen für neue Teammitglieder.

- Führen Sie virtuelle Onboarding-Sitzungen durch, um neue Mitarbeiter mit Ihren Geschäftsprozessen, Tools und Erwartungen vertraut zu machen.

Implementieren Sie Projektmanagement-Tools:

- Nutzen Sie Projektmanagement-Tools wie Asana, Trello oder Monday.com, um Aufgaben zu organisieren, den Fortschritt zu verfolgen und Verantwortlichkeiten zuzuweisen.

- Stellen Sie sicher, dass Teammitglieder Zugriff auf diese Tools haben, um eine effiziente Zusammenarbeit zu ermöglichen.

Digitale Kollaborationsplattformen:

- Implementieren Sie digitale Kollaborationsplattformen für die Zusammenarbeit in Echtzeit an Dokumenten und Projekten.

- Google Workspace oder Microsoft Office 365 können eine nahtlose Zusammenarbeit und Dateifreigabe ermöglichen.

Betonen Sie die Verantwortung:

- Fördern Sie eine Kultur der Verantwortung in Ihrem virtuellen Team.

- Kommunizieren Sie Erwartungen, Fristen und Leistungskennzahlen klar, um sicherzustellen, dass jeder seine Verantwortlichkeiten versteht.

Regelmäßige Teambesprechungen:

- Planen Sie regelmäßige virtuelle Teambesprechungen, um Fortschritte zu besprechen, Herausforderungen anzugehen und den Sinn für Teamarbeit zu fördern.

Virtueller Großhandel Reichtum

- Nutzen Sie Videokonferenztools für persönliche Interaktionen, um die Teamverbindungen zu stärken.

Fördern Sie eine offene Kommunikation:

- Fördern Sie eine offene Kommunikation und Feedback innerhalb des Teams.

- Richten Sie Kanäle für Teammitglieder ein, um Ideen auszudrücken, Bedenken auszutauschen und zu Entscheidungsprozessen beizutragen.

Pflegen Sie eine positive virtuelle Kultur:

- Fördern Sie eine positive virtuelle Kultur, indem Sie die Beiträge der Teammitglieder anerkennen und wertschätzen.

- Implementieren Sie virtuelle Teambuilding-Aktivitäten, um Verbindungen und Moral zu stärken.

Setzen Sie klare Ziele und Ziele:

- Kommunizieren Sie klar und deutlich die allgemeinen Ziele Ihres virtuellen Großhandelsunternehmens.

- Stellen Sie sicher, dass jedes Teammitglied versteht, wie seine Rolle zur größeren Vision beiträgt.

Nutzen Sie die Dienste des virtuellen Assistenten:

- Erwägen Sie die Nutzung virtueller Assistentendienste für bestimmte Aufgaben wie Recherche, Dateneingabe oder administrative Unterstützung.
- Virtuelle Assistenten können die Effizienz und Produktivität Ihres virtuellen Teams steigern.

Investieren Sie in die berufliche Entwicklung:

- Unterstützen Sie die berufliche Entwicklung Ihrer virtuellen Teammitglieder.
- Bieten Sie Zugang zu Schulungsressourcen, Webinaren und Branchenveranstaltungen, um Ihre Fähigkeiten auf dem neuesten Stand zu halten und eine kontinuierliche Verbesserung zu fördern.

Regelmäßige Leistungsbeurteilungen:

- Führen Sie regelmäßige Leistungsüberprüfungen durch, um die Leistung von Einzelpersonen und Teams zu bewerten.

- Nutzen Sie diese Bewertungen, um Stärken zu identifizieren, Herausforderungen anzugehen und Verbesserungsziele festzulegen.

Flexible Arbeitsvereinbarungen:

- Seien Sie bei der Arbeitsorganisation flexibel, um unterschiedlichen Zeitzonen und individuellen Vorlieben gerecht zu werden.

- Erwägen Sie die asynchrone Kommunikation für Aufgaben, die keine Zusammenarbeit in Echtzeit erfordern.

Wohlbefinden der Mitarbeiter:

- Priorisieren Sie das Wohlergehen Ihrer virtuellen Teammitglieder.

- Fördern Sie eine gesunde Work-Life-Balance und stellen Sie Ressourcen für die psychische Gesundheit und das Wohlbefinden bereit.

Dokumentieren Sie Standardarbeitsanweisungen (SOPs):

- Dokumentieren Sie Standardarbeitsanweisungen für Schlüsselprozesse in Ihrem virtuellen Großhandelsunternehmen.

- SOPs dienen als wertvolle Ressourcen für die Schulung neuer Teammitglieder und die Wahrung der Konsistenz.

Anpassen und iterieren:

- Bewerten Sie regelmäßig die Leistung Ihres virtuellen Teams und die Effektivität Ihrer virtuellen Arbeitsprozesse.

- Seien Sie bereit, sich basierend auf Feedback und sich ändernden Geschäftsanforderungen anzupassen und zu iterieren.

Der Aufbau eines erfolgreichen virtuellen Teams ist ein fortlaufender Prozess, der Liebe zum Detail, effektive Kommunikation und das Engagement für die Förderung einer positiven und kollaborativen virtuellen Arbeitsumgebung erfordert. Durch die

Umsetzung dieser Strategien können Sie ein virtuelles Team bilden, das zum Wachstum und Erfolg Ihres virtuellen Großhandelsunternehmens beiträgt.

Kommunikationsstrategien für virtuellen Erfolg

Effektive Kommunikation ist entscheidend für den Erfolg des virtuellen Großhandels, insbesondere wenn Ihr Team verstreut ist. Hier sind Kommunikationsstrategien zur Verbesserung der Zusammenarbeit und Produktivität in einer virtuellen Umgebung:

Wählen Sie die richtigen Kommunikationstools:

- Nutzen Sie eine Kombination aus Kommunikationstools wie Slack, Microsoft Teams, Zoom und E-Mail.

- Passen Sie Ihre Tool-Auswahl an die Art der Kommunikation an (Instant Messaging, Videoanrufe, asynchrone Updates).

Schaffen Sie klare Kommunikationskanäle:
- Definieren Sie klar den Zweck jedes Kommunikationskanals.
- Nutzen Sie bestimmte Kanäle für Projektaktualisierungen, allgemeine Diskussionen und Teamankündigungen.

Regelmäßige Teambesprechungen:
- Planen Sie regelmäßige Teambesprechungen, um laufende Projekte, Ziele und Herausforderungen zu besprechen.
- Nutzen Sie Videokonferenzen für persönliche Interaktionen und zur Stärkung der Teamverbindungen.

Nutzen Sie Videokonferenzen:
- Ermutigen Sie den Einsatz von Videos während Besprechungen, um die visuelle Kommunikation zu verbessern.

- Videokonferenzen fördern eine persönlichere Verbindung zwischen den Teammitgliedern.

Kommunikationserwartungen definieren:

- Kommunizieren Sie die Erwartungen hinsichtlich der Reaktionszeiten klar.

- Legen Sie Richtlinien fest, wann und wie Teammitglieder auf Nachrichten reagieren sollen.

Stellen Sie detaillierte Projektaktualisierungen bereit:

- Ermutigen Sie die Teammitglieder, regelmäßig detaillierte Projektaktualisierungen bereitzustellen.

- Nutzen Sie Projektmanagement-Tools, um Informationen zu zentralisieren und den Fortschritt zu verfolgen.

Dokumentkommunikationsprotokolle:

- Kommunikationsprotokolle dokumentieren und dem Team leicht zugänglich machen.

- Beschreiben Sie klar und deutlich die bevorzugten Kommunikationsmodi für verschiedene Szenarien.

Fördern Sie eine offene Kommunikation:

- Fördern Sie eine Kultur der offenen Kommunikation, in der sich Teammitglieder wohl fühlen, wenn sie Ideen und Bedenken austauschen.

- Erstellen Sie Kanäle für Feedback und Vorschläge.

Verwenden Sie visuelle Hilfsmittel:

- Nutzen Sie bei virtuellen Meetings visuelle Hilfsmittel wie Diagramme und Grafiken.

- Visuals können dazu beitragen, Informationen effektiver zu vermitteln, insbesondere in einer entfernten Umgebung.

Richten Sie virtuelle Bürozeiten ein:

- Legen Sie virtuelle Bürozeiten fest, damit Teammitglieder für die Echtzeitkommunikation zur Verfügung stehen.

- Dadurch werden festgelegte Zeiten für die Teamzusammenarbeit und Diskussionen geschaffen.

Erwartungen schriftlich klären:

- Dokumentieren Sie Erwartungen, Richtlinien und Projektdetails klar und deutlich schriftlich.

- Schriftliche Kommunikation beugt Missverständnissen vor und dient als Referenz.

Fördern Sie aktives Zuhören:

- Betonen Sie die Bedeutung des aktiven Zuhörens bei virtuellen Meetings.

- Verwenden Sie Techniken wie das Zusammenfassen und das Stellen klärender Fragen, um sicherzustellen, dass alle auf dem gleichen Stand sind.

Nutzen Sie Projektmanagement-Tools:

- Nutzen Sie Projektmanagement-Tools für Aufgabenzuweisungen, Zeitpläne und Zusammenarbeit.

- Tools wie Asana oder Trello sorgen dafür, dass alle organisiert und über den Projektstatus informiert sind.

Feiern Sie Erfolge und Meilensteine:

- Erkennen und feiern Sie die Erfolge und Meilensteine des Teams.

- Anerkennung steigert die Moral und fördert eine positive Teamkultur.

Implementieren Sie transparente Kommunikation:

- Betonen Sie Transparenz in der Kommunikation, insbesondere bei wichtigen Aktualisierungen oder Änderungen.

- Halten Sie die Teammitglieder über den Stand des Unternehmens und alle relevanten Entwicklungen auf dem Laufenden.

Ermöglichen Sie gelegentliche virtuelle Interaktionen:

- Schaffen Sie Möglichkeiten für ungezwungene Interaktionen durch virtuelle Kaffeepausen oder gesellschaftliche Veranstaltungen.

- Lässige Gespräche tragen zum Aufbau von Beziehungen und Kameradschaft zwischen den Teammitgliedern bei.

Erstellen Sie Protokolle für die Notfallkommunikation:

- Definieren Sie Notfallkommunikationsprotokolle für dringende Situationen.

- Stellen Sie sicher, dass alle Teammitglieder mit den Verfahren zur Behandlung kritischer Probleme vertraut sind.

Schulung zu Kommunikationstools:

- Bieten Sie Schulungen zur Verwendung von Kommunikationstools an.

- Stellen Sie sicher, dass die Teammitglieder die für eine effektive virtuelle Zusammenarbeit erforderlichen Tools beherrschen.

Kommunikation an individuelle Vorlieben anpassen:

- Kommunikationsstile erkennen und an individuelle Vorlieben anpassen.

Virtueller Großhandel Reichtum

- Einige Teammitglieder bevorzugen möglicherweise die schriftliche Kommunikation, während andere die mündliche Kommunikation bevorzugen.

Regelmäßig Feedback einholen:

- Holen Sie regelmäßig Feedback zur Wirksamkeit von Kommunikationsstrategien ein.

- Nehmen Sie Anpassungen basierend auf Team-Input vor, um die Kommunikationsprozesse kontinuierlich zu verbessern.

Durch die Umsetzung dieser Kommunikationsstrategien können Sie eine kollaborative und effiziente virtuelle Arbeitsumgebung für Ihr virtuelles Großhandelsteam schaffen. Eine klare und effektive Kommunikation ist unerlässlich, um die Herausforderungen der Fernarbeit zu meistern und im virtuellen Raum erfolgreich zu sein.

Effektiv auslagern und delegieren

Die Fähigkeit, Aufgaben erfolgreich zu delegieren und Arbeiten auszulagern, sind zwei Fähigkeiten, die für die Verbesserung Ihres virtuellen Großhandelsunternehmens unerlässlich sind. Im Folgenden finden Sie einen Leitfaden, der Ihnen dabei hilft, die Vorteile von Outsourcing und Delegation zu maximieren, um die Produktivität zu steigern und sich auf die strategischen Bereiche Ihres Unternehmens zu konzentrieren:

Bestimmen Sie, welche Aufgaben ausgelagert werden sollten:

- Bestimmen Sie die Aufgaben, die zugewiesen oder ausgelagert werden können, und bewerten Sie den Arbeitsaufwand, den Sie erledigen müssen.

- Geben Sie Aktivitäten mehr Priorität, die spezielles Fachwissen erfordern, zeitaufwändig sind oder sich wiederholende Aufgaben erfordern.

Ein solides Verständnis Ihrer Kernkompetenzen:

- Finden Sie heraus, was Ihre Haupttalente sind, und richten Sie Ihre Aufmerksamkeit auf die Aktivitäten, die Ihre Stärken ausspielen.
- Delegieren Sie Aufgaben, die außerhalb Ihrer Kompetenz liegen, an Fachkräfte, die diese effektiver erledigen können.

Setzen Sie klare Ziele:

- Geben Sie die Ziele der Arbeit, die Sie übertragen möchten, klar an.
- Geben Sie klare Anweisungen und Erwartungen, um Klarheit zu gewährleisten.

Wählen Sie die richtigen Outsourcing-Partner:

- Recherchieren und wählen Sie vertrauenswürdige Outsourcing-Partner oder Freiberufler aus.
- Berücksichtigen Sie Variablen wie Wissen, Ruf und historischen Erfolg.

Nutzen Sie Outsourcing-Plattformen:

- Nutzen Sie Outsourcing-Dienste wie Upwork, Fiverr oder Freelancer, um erfahrene Leute zu finden.

- Nutzen Sie diese Netzwerke, um mit Freiberuflern in Kontakt zu treten, die auf immobilienbezogene Jobs spezialisiert sind.

Bauen Sie ein virtuelles Team auf:

- Stellen Sie ein virtuelles Personal mit einzigartigen Fähigkeiten zusammen, um verschiedene Elemente Ihrer Organisation zu verwalten.

- Erwägen Sie die Beschäftigung virtueller Assistenten, Forscher, Vermarkter und anderer Fachleute.

Effektive Kommunikation:

- Richten Sie offene Kommunikationswege mit Ihrer ausgelagerten Crew ein.

Virtueller Großhandel Reichtum

- Nutzen Sie Kollaborationstechnologien wie Slack oder Microsoft Teams für die Echtzeitkommunikation.

Setzen Sie realistische Fristen:

- Legen Sie angemessene Zeitpläne für die zugewiesenen Aktivitäten fest.

- Berücksichtigen Sie Zeitzonenunterschiede, wenn Sie Fristen für ein multinationales Team festlegen.

Sorgen Sie für eine angemessene Schulung:

- Bieten Sie umfassende Schulungen für ausgelagerte Teammitglieder an.

- Stellen Sie sicher, dass sie die Abläufe und Erwartungen Ihres Unternehmens umfassend verstehen.

Regelmäßige Check-ins und Updates:

- Planen Sie häufige Check-ins und Aktualisierungen, um den Fortschritt zu überwachen.

- Nutzen Sie Videokonferenzen, um persönliche Gespräche zu fördern und eine persönlichere Note zu verleihen.

Implementieren Sie Qualitätskontrollmaßnahmen:

- Implementierung von Qualitätskontrollverfahren, um die Genauigkeit und Qualität der Arbeit zu gewährleisten.
- Legen Sie Benchmarks fest und überprüfen Sie die Ergebnisse häufig.

Schützen Sie sensible Informationen:

- Richten Sie Prozesse ein, um sensible Informationen beim Outsourcing von Arbeiten zu schützen.
- Nutzen Sie sichere Routen und Technologien für den Dateiaustausch und die Kommunikation.

Nicht zum Kerngeschäft gehörende Aufgaben delegieren:

- Delegieren Sie nicht zum Kerngeschäft gehörende Aufgaben, um Zeit für strategische Aufgaben zu gewinnen.

- Konzentrieren Sie sich auf Aufgaben, die direkt zur Entwicklung und Rentabilität Ihres Unternehmens beitragen.

Überwachen Sie wichtige Leistungsindikatoren (KPIs):

- Definieren Sie wichtige Leistungskennzahlen für zugewiesene Aufgaben.

- Analysieren Sie regelmäßig KPIs, um die Wirksamkeit von Outsourcing-Vereinbarungen zu ermitteln.

Anpassungsfähigkeit und Flexibilität:

- Seien Sie vielseitig und flexibel in Ihrem Outsourcing-Ansatz.

- Passen Sie die Pläne an die wachsenden Anforderungen Ihres Unternehmens an.

Dokumentieren Sie Standardarbeitsanweisungen (SOPs):

- Dokumentieren Sie Standardarbeitsanweisungen (SOPs) für zugewiesene Verantwortlichkeiten.

Virtueller Großhandel Reichtum

- SOPs dienen als Referenzdokumente und gewährleisten Einheitlichkeit in den Abläufen.

Fördern Sie Feedback und Zusammenarbeit:

- Fördern Sie ein Klima der Zusammenarbeit und der offenen Kommunikation.
- Ermutigen Sie die Teammitglieder, Feedback zu Verfahren auszutauschen und Änderungen zu empfehlen.

Kosten vs. Wert bewerten:

- Bewerten Sie die Kosteneffizienz von Outsourcing-Aufgaben.
- Berücksichtigen Sie den Wertbeitrag Ihres Unternehmens im Verhältnis zu den damit verbundenen Ausgaben.

Redundanz aufbauen:

- Vermeiden Sie die Abhängigkeit von einer einzelnen ausgelagerten Person oder einem ausgelagerten Team.

- Bauen Sie Redundanz auf, um Risiken im Zusammenhang mit unvorhergesehenen Ereignissen zu reduzieren.

Ständige Verbesserung:

- Kontinuierliche Analyse und Verbesserung Ihrer Outsourcing- und Delegationspraktiken.
- Lernen Sie aus Erfahrungen und ändern Sie Ihre Technik, um die Effizienz zu steigern.

Durch effizientes Outsourcing und Delegieren von Arbeit können Sie Ihre Abläufe vereinfachen, die Produktivität steigern und sich auf die strategischen Bereiche Ihres virtuellen Großhandelsunternehmens konzentrieren. Der Aufbau eines gut koordinierten Teams, ob intern oder virtuell, hilft Ihnen, vielfältige Talente und Kenntnisse für den Gesamterfolg des Unternehmens zu nutzen.

KAPITEL 5

VIRTUELLE VERHANDLUNGSTECHNIKEN IM IMMOBILIENGROSSHANDEL BEHERRSCHEN

Im Bereich des Immobiliengroßhandels ist die Fähigkeit, erfolgreich zu verhandeln, von entscheidender Bedeutung, und die Beherrschung virtueller Verhandlungsfähigkeiten ist entscheidend für den Erfolg geworden. In diesem Kapitel wird ein umfassender Ansatz zur Verbesserung Ihrer Talente, zur Anpassung an die digitale Welt und zur Sicherstellung lukrativer Ergebnisse bei Ihren virtuellen Interaktionen vorgestellt.

A. Navigieren im virtuellen Gelände

Die virtuellen Dynamiken verstehen

- Entdecken Sie die einzigartigen Merkmale des Verhandelns in einer virtuellen Welt.

- Passen Sie klassische Verhandlungsmethoden an, um im digitalen Umfeld erfolgreich zu sein.

Vertrauen aus der Ferne aufbauen

- Schaffen Sie über virtuelle Kanäle Vertrauen bei Anbietern und Käufern.

- Nutzen Sie Technologie, um einen vertrauenswürdigen und transparenten Verhandlungsprozess aufzubauen.

B. Strategien zur Beherrschung virtueller Verhandlungen

Effektive Kommunikationstechniken

- Optimieren Sie Ihre Kommunikationsfähigkeiten für virtuelle Diskussionen.

- Nutzen Sie Videokonferenzen, klare Artikulation und aktives Zuhören, um Ihre Effektivität zu steigern.

Nutzung von Daten und Markteinblicken

- Nutzen Sie die Kraft von Daten und Markteinblicken während der Verhandlungen.
- Stellen Sie Ihr Wissen unter Beweis, indem Sie relevante Fakten und Trends in Ihre Gespräche einbringen.

Verhandlungspsychologie im virtuellen Raum

- Entdecken Sie die psychologischen Auswirkungen virtueller Verhandlungen.
- Verstehen Sie, wie sich menschliches Verhalten auf Verhandlungsergebnisse auswirkt, und passen Sie Ihre Strategie entsprechend an.

C. Herausforderungen in virtuellen Verhandlungen meistern

Umgang mit kulturellen Unterschieden

- Navigieren Sie in virtuellen Gesprächen durch kulturelle Feinheiten.

- Entwickeln Sie ein Verständnis für kulturelle Sensibilitäten und ändern Sie Ihren Kommunikationsansatz entsprechend.

Umgang mit Einwänden und Bedenken

- Bedenken virtuell antizipieren und beantworten.

- Lösungen entwickeln, um häufige Sorgen und Einwände von Verkäufern und Käufern auszuräumen.

D. Fortgeschrittene Techniken für virtuelle Großhandelsverhandlungen

Kreative Deal-Strukturierung im virtuellen Raum

- Entdecken Sie neue Ansätze zur Geschäftsstrukturierung.

- Passen Sie Ihren Ansatz an, um Win-Win-Situationen für alle Beteiligten zu schaffen.

Nutzung von Technologie für Verhandlungsvorteile
- Nutzen Sie technologische Werkzeuge für effizientere Verhandlungen.

- Entdecken Sie Tools und Anwendungen, die Ihre Fähigkeit, Vereinbarungen digital auszuhandeln und abzuschließen, steigern.

E. Fallstudien: Virtuelle Verhandlungserfolge im echten Leben

Lernen aus erfolgreichen virtuellen Deals
- Tauchen Sie ein in reale Fallstudien effektiver virtueller Diskussionen.
- Extrahieren Sie wichtige Erkenntnisse und nutzen Sie diese in Ihren eigenen virtuellen Großhandelsverträgen.

F. Vorbereitung auf zukünftige Trends bei virtuellen Verhandlungen

Anpassung an neue Technologien

- Bleiben Sie einen Schritt voraus, indem Sie bei virtuellen Verhandlungen auf die sich entwickelnde Technologie reagieren.

- Erkunden Sie den möglichen Einfluss von KI, virtueller Realität und anderen Fortschritten auf die Verhandlungsszene.

Kontinuierliches Lernen und Verbesserung

- Nehmen Sie bei virtuellen Verhandlungen eine Haltung des ständigen Lernens an.

- Setzen Sie sich für eine kontinuierliche Verbesserung ein, informieren Sie sich über Branchentrends und perfektionieren Sie Ihr Verhandlungsgeschick.

Egal, ob Sie ein erfahrener Verhandlungsführer sind oder zum ersten Mal die virtuelle Arena betreten, die hier vermittelten Erkenntnisse und Methoden

Virtueller Großhandel Reichtum

werden Sie in die Lage versetzt, die Komplexität virtueller Verhandlungen zu meistern und im digitalen Zeitalter profitable Transaktionen zu erzielen. Willkommen in der Zukunft der Immobilienverhandlungen, in der das Verständnis der virtuellen Umgebung der Schlüssel zu außergewöhnlichem Erfolg ist.

Herausforderungen bei der Geschäftsabwicklung aus der Ferne meistern

Im sich ständig weiterentwickelnden Immobilienumfeld erfreut sich die Abwicklung von Geschäften aus der Ferne immer größerer Beliebtheit, was auf technische Verbesserungen und den wachsenden Wunsch nach schnellen, flexiblen Transaktionen zurückzuführen ist. Während die virtuelle Sphäre unvergleichliche Perspektiven bietet, birgt sie auch neue Hürden, die Fachleute

Virtueller Großhandel Reichtum

gekonnt meistern müssen, um bei Geschäftsabschlüssen aus der Ferne erfolgreich zu sein.

Die Landschaft des Remote-Deal-Making verstehen

Remote Deal-Making umfasst die Verhandlung, Durchführung und den Abschluss von Immobiliengeschäften ohne die Notwendigkeit einer physischen Anwesenheit. Diese Methode bietet eine größere Marktreichweite, eine bessere Effizienz und die Fähigkeit, auf die Bedürfnisse eines weltweiten Wirtschaftsumfelds zu reagieren. Der Weg zu einer effektiven Geschäftsabwicklung aus der Ferne ist jedoch nicht ohne Hürden.

Herausforderungen bei der Geschäftsabwicklung aus der Ferne

1. Kommunikationsbarrieren:

- **Herausforderung:** Das Fehlen eines persönlichen Kontakts kann zu Missverständnissen, Fehlinterpretationen und einem Verlust der persönlichen Verbindung führen.

- **Strategie:** Nutzen Sie Videokonferenzen, klare Textkommunikation und kollaborative Technologien, um die Kommunikationslücke zu schließen. Regelmäßige Check-ins und virtuelle Meetings tragen dazu bei, das Gefühl der Verbundenheit zwischen den Geschäftsbeteiligten aufrechtzuerhalten.

2. Vertrauen aufbauen und erhalten:

- **Herausforderung:** Wenn die menschliche Interaktion eingeschränkt ist, kann es schwierig sein, aus der Ferne Vertrauen aufzubauen.
- **Strategie:** Priorisieren Sie Transparenz und Offenheit. Stellen Sie umfassende Informationen bereit, nutzen Sie virtuelle Rundgänge und nutzen Sie die Technologie, um einen transparenten Geschäftsabschlussprozess zu etablieren. Auch der Aufbau einer regelmäßigen und vertrauenswürdigen Internetpräsenz trägt langfristig dazu bei, Vertrauen aufzubauen.

3. Überwindung von Zeitzonenunterschieden:

- **Herausforderung:** Die Koordinierung geschäftsbezogener Aktivitäten über mehrere Zeitzonen hinweg kann zu Verzögerungen und Unterbrechungen führen.
- **Strategie:** Implementieren Sie eine flexible Planung, nutzen Sie asynchrone

Virtueller Großhandel Reichtum

Kommunikationsmechanismen, wenn dies praktisch ist, und legen Sie explizite Erwartungen an die Reaktionszeiten fest. Nutzen Sie Technologien zur Zeitzonenverwaltung, um die Zusammenarbeit zu erleichtern und eine zeitnahe Kommunikation zu gewährleisten.

4. Umgang mit rechtlichen und regulatorischen Abweichungen:

- **Herausforderung**: Immobilientransaktionen erfordern im Allgemeinen die Einhaltung mehrerer rechtlicher und regulatorischer Rahmenbedingungen, was in einer entfernten Situation kompliziert sein kann.

- **Strategie:** Arbeiten Sie mit Rechtsexperten zusammen, die sich in den jeweiligen Rechtsgebieten bestens auskennen. Nutzen Sie Technologie, um einen sicheren und konformen Dokumentenaustausch, elektronische Signaturen und die Einhaltung gesetzlicher Standards bei Ferntransaktionen zu ermöglichen.

5. *Technologieintegration und -einführung:*
- **Herausforderung:** Es kann schwierig sein, neue Technologien zu nutzen und ihre reibungslose Integration in den Geschäftsabwicklungsprozess sicherzustellen.
- **Strategie:** Bieten Sie allen Beteiligten eine gründliche Schulung und Unterstützung. Investieren Sie in benutzerfreundliche Tools, die Zusammenarbeit, Dokumentenaustausch und virtuelle Besprechungen ermöglichen. Aktualisieren und verbessern Sie regelmäßig technologische Lösungen, um den sich entwickelnden Branchenanforderungen gerecht zu werden.

6. Sicherheits- und Datenschutzbedenken:

- **Herausforderung:** Der virtuelle Aspekt der Geschäftsabwicklung wirft Bedenken hinsichtlich der Sicherheit und des Datenschutzes kritischer Informationen auf.

- **Strategie:** Implementieren Sie strenge Cybersicherheitsmaßnahmen, einschließlich verschlüsselter Kommunikationskanäle, sicherer Plattformen für den Dokumentenaustausch und der Einhaltung branchenüblicher Sicherheitsvorschriften. Informieren Sie alle Beteiligten über empfohlene Vorgehensweisen zur Gewährleistung der Datensicherheit.

7. Kulturelle Sensibilitäten:

- **Herausforderung:** Der Umgang mit unterschiedlichen kulturellen Hintergründen aus der Ferne kann zu Missverständnissen und möglichen Spannungen führen.

Virtueller Großhandel Reichtum

- **Strategie:** Fördern Sie die kulturelle Intelligenz unter den Transaktionsteilnehmern. Führen Sie Schulungen zur kulturellen Sensibilisierung durch und fördern Sie eine offene Diskussion, um etwaige kulturelle Unterschiede anzugehen. Passen Sie Kommunikationstechniken an die kulturelle Sensibilität an.

Erfolgsstrategien bei der Geschäftsabwicklung aus der Ferne

1. Investieren Sie in den Beziehungsaufbau:
- Priorisieren Sie Bemühungen zum Aufbau von Beziehungen über virtuelle Netzwerkveranstaltungen, Webinare und Kooperationsplattformen. Fördern Sie das Gemeinschaftsgefühl unter den Geschäftsbeteiligten, um das Vertrauen und die Teamarbeit zu verbessern.

2. Nutzen Sie erweiterte virtuelle Tools:
- Nutzen Sie modernste virtuelle Technologien wie Augmented Reality (AR) und Virtual Reality (VR) für immersive Immobilienerlebnisse. Entdecken Sie virtuelle Deal-Rooms und sichere Tools zur Dokumentenfreigabe, um die Produktivität zu steigern.

3. Erstellen Sie Standardarbeitsanweisungen (SOPs):
- Entwickeln Sie gründliche SOPs für Verfahren zur Geschäftsabwicklung aus der Ferne. Identifizieren Sie Rollen, Aufgaben und die Reihenfolge der Aufgaben klar, um Konsistenz und Effizienz bei allen Transaktionen sicherzustellen.

4. Erstellen Sie Notfallpläne:
- Mögliche Probleme antizipieren und Notfallstrategien festlegen. Dazu gehört die Bewältigung von Technologiestörungen,

Virtueller Großhandel Reichtum

Kommunikationsausfällen oder unvorhergesehenen rechtlichen Bedenken, die während des Fernabwicklungsprozesses auftreten können.

5. Fördern Sie Zusammenarbeit und Feedback:
- Fördern Sie eine Atmosphäre der Zusammenarbeit, indem Sie alle Beteiligten zu Beiträgen einladen. Sammeln Sie regelmäßig Informationen, um Bereiche mit Verbesserungspotenzial zu identifizieren und das Gesamterlebnis bei der Abwicklung von Ferngeschäften zu verbessern.

Zwar birgt das Abschließen von Geschäften aus der Ferne einige Hürden, doch präventive Methoden und ein technisch versierter Ansatz können diese Hürden in Möglichkeiten verwandeln. Erfolgreiche Geschäftsabschlüsse aus der Ferne erfordern eine Mischung aus guter Kommunikation, technologischer Innovation, kulturellem Wissen und dem Engagement, Vertrauen im virtuellen Bereich zu schaffen und aufrechtzuerhalten. Durch die Anwendung dieser Taktiken können Immobilienprofis selbstbewusst das entfernte Terrain erkunden und neue Entwicklungs- und Erfolgspotenziale im digitalen Zeitalter freisetzen.

Geschäfte mit Zuversicht abschließen

Der Abschluss eines Immobilienkaufs ist das Ergebnis sorgfältiger Vorbereitung, guter Kommunikation und geschickter Verhandlungen. Der Prozess erfordert Vertrauen, nicht nur in Ihre Immobilie oder Investition, sondern auch in Ihre Fähigkeit, mit Komplexität umzugehen und Geschäfte erfolgreich abzuschließen. In diesem ausführlichen Buch analysieren wir die wichtigsten Aspekte, die dazu beitragen, Verträge in der dynamischen Welt der Immobilien souverän abzuschließen.

Virtueller Großhandel Reichtum

1. Die Kunst der Kommunikation beherrschen:

Aufbau einer Beziehung:

Der Aufbau einer guten Verbindung zu Kunden und Stakeholdern ist der Grundstein für einen sicheren Geschäftsabschluss. Hören Sie aktiv auf ihre Bedürfnisse, Probleme und Ziele. Passen Sie Ihre Botschaft an ihre Ziele an und schaffen Sie Vertrauen in Ihr Verständnis und Ihr Engagement.

Klare und transparente Kommunikation:

Klarheit schafft Vertrauen. Klären Sie Bedingungen, Erwartungen und Fristen klar. Transparenz über den Prozess und erwartete Hürden schafft Vertrauen, eine entscheidende Komponente für einen sicheren Geschäftsabschluss.

2. Verhandlungen mit der Behörde:

Vorbereitung ist der Schlüssel:

Vertrauen in Verhandlungen entsteht durch eine gute Vorbereitung. Verstehen Sie den Markt, erfassen Sie die Haltung Ihres Kunden und antizipieren Sie mögliche Einwände. Ausgestattet mit Informationen können Sie aus einer Position der Macht und Aggressivität verhandeln.

Kreative Problemlösung:

Gehen Sie Gespräche mit einem problemlösungsorientierten Ansatz an. Seien Sie offen für neue Ideen, von denen alle Seiten profitieren. Das Vertrauen in Ihre Fähigkeit, für beide Seiten vorteilhafte Ergebnisse zu erzielen, trägt zu einem erfolgreichen Vertragsabschluss bei.

3. Nutzung von Technologie und Daten:

Nutzung von Echtzeitdaten:

Im digitalen Zeitalter sind Daten ein enormes Instrument. Nutzen Sie Echtzeit-Marktdaten, um Ihre Diskussionen zu unterstützen. Präzise Informationen vermitteln Vertrauen und machen Sie zu einem kompetenten und vertrauenswürdigen Experten.

Virtuelle Tools für virtuelles Vertrauen:

Im Zeitalter weit entfernter Geschäfte spielen virtuelle Tools und Plattformen eine Schlüsselrolle. Virtuelle Rundgänge, Augmented Reality und digitale Dokumentation beschleunigen nicht nur Abläufe, sondern steigern auch Ihre Fähigkeit, Geschäfte selbst aus der Ferne souverän zu präsentieren und abzuschließen.

4. Vertrauen aufbauen und erhalten:

Glaubwürdigkeit herstellen:

Vertrauen ist direkt mit Glaubwürdigkeit verbunden. Stellen Sie Ihre Fähigkeiten mit einer starken Internetpräsenz, Kundenreferenzen und einer Erfolgsbilanz erfolgreicher Verhandlungen unter Beweis.

Dies schafft Vertrauen, ein entscheidender Aspekt für den vertrauensvollen Abschluss von Vereinbarungen.

Konsistente Kommunikation:

Virtueller Großhandel Reichtum

Sorgen Sie während des gesamten Geschäftsabschlussprozesses für eine regelmäßige und proaktive Kommunikation.

Regelmäßige Updates, schnelle Antworten und ein offener Informationsfluss stärken das Vertrauen und ermöglichen allen Beteiligten, vertrauensvoll weiterzumachen.

5. Einwände mit Anmut überwinden:

__Bedenken direkt ansprechen:__

Zuversichtlicher Geschäftsabschluss erfordert den eleganten und kompetenten Umgang mit Anliegen. Erwarten Sie zukünftige Probleme und bieten Sie aggressiv Lösungen an.

Eine souveräne Reaktion auf Bedenken beruhigt Kunden und erleichtert Transaktionen.

__Adaptive Verhandlung:__

Bei Selbstvertrauen geht es nicht darum, starr zu sein, sondern sich gelassen an Situationen anzupassen. Seien Sie offen für Zugeständnisse und alternative Ideen und überwinden Sie unerwartete

Hindernisse mit einer ruhigen und selbstbewussten Vorgehensweise.

6. Abschluss des Deals:

Zeitnahe und effiziente Prozesse:

Das Vertrauen in den Vertragsabschluss wird durch effiziente Abläufe gestärkt. Stellen Sie sicher, dass die Dokumentation in Ordnung ist, Fristen eingehalten werden und alle rechtlichen Aspekte gründlich berücksichtigt werden. Ein verkürztes Abschlussverfahren schafft Vertrauen bei allen Beteiligten.

Erfolge feiern:

Erkennen und feiern Sie den erfolgreichen Abschluss von Transaktionen. Dies steigert nicht nur die Teammoral, sondern stärkt auch das Vertrauen der Kunden in Ihre Fähigkeit, hervorragende Ergebnisse zu erzielen.

Virtueller Großhandel Reichtum

Der vertrauensvolle Abschluss von Transaktionen ist eine Kunst, die Kommunikationsgeschick, Verhandlungsstärke, technologisches Verständnis und die Hingabe, Vertrauen aufzubauen und aufrechtzuerhalten, erfordert. Als Immobilienmakler sichert die Förderung dieser Talente nicht nur den Erfolg einzelner Transaktionen, sondern auch die langfristige Entwicklung und den Ruf Ihres Unternehmens. Gehen Sie jede Transaktion zielgerichtet und mit Informationen ausgestattet an und strahlen Sie das Vertrauen aus, das Probleme in Erfolgschancen in der sich ständig weiterentwickelnden Welt der Immobilien verwandelt.

KAPITEL 6

RECHTLICHE UND COMPLIANCE-ÜBERLEGUNGEN ENTHÜLLT

Im heiklen Geflecht von Immobilientransaktionen liegt die Aufmerksamkeit typischerweise auf den rechtlichen und regulatorischen Fragen, die jedem Verkauf zugrunde liegen. Während sich Immobilienfachleute mit der Komplexität von Eigentumsübertragungen, Eigentümerwechseln und Vertragsvereinbarungen auseinandersetzen, ist ein umfassendes Verständnis des rechtlichen Umfelds von entscheidender Bedeutung. Dieser Teil unseres umfassenden Buches fungiert als Kompass, der Praktiker durch die vielfältigen Bereiche der Rechts- und Compliance-Angelegenheiten führt und nicht nur legitime Interaktionen, sondern auch ethische und reibungslose Transaktionen gewährleistet.

1. Der rechtliche Rahmen von Immobilientransaktionen

Rechtliche Grundlagen verstehen:

Immobilientransaktionen basieren auf einer Grundlage rechtlicher Konzepte. In diesem Abschnitt werden die zugrunde liegenden Ideen zur Steuerung von Eigentumsübertragungen, Eigentumsrechten und vertraglichen Pflichten erörtert. Von den Grundsätzen des Sachenrechts bis hin zu den Feinheiten der vertraglichen Durchsetzbarkeit: Ein solides Verständnis der rechtlichen Grundlagen schafft den Rahmen für erfolgreiche Transaktionen.

Rollen von Juristen:

Rechtsexperten spielen bei Immobilientransaktionen eine entscheidende Rolle. In diesem Abschnitt werden die Rollen von Anwälten, Titelfirmen und anderen Rechtsspezialisten erläutert. Ihre Aufgaben, von der Due-Diligence-Prüfung bis zur

Vertragsprüfung, werden aufgeschlüsselt, um ein umfassendes Wissen darüber zu vermitteln, wie sich juristisches Fachwissen auf die Ausrichtung eines Unternehmens auswirkt.

2. Rechtliche Dokumentation und Verträge
Erstellung luftdichter Verträge:
Einen soliden Immobilienvertrag auszuarbeiten ist eine Kunst. Dieser Abschnitt befasst sich mit der Komplexität des Aufbaus wasserdichter Vereinbarungen und befasst sich mit den entscheidenden Faktoren, die die Interessen aller Beteiligten schützen. Von den Allgemeinen Geschäftsbedingungen bis hin zu Eventualverbindlichkeiten ist die Kenntnis der Feinheiten der Vertragsgestaltung von entscheidender Bedeutung für erfolgreiche und rechtlich einwandfreie Vereinbarungen.

Navigieren in Kaufverträgen:

Kaufverträge bilden den Grundstein für Immobilientransaktionen. In diesem Abschnitt werden die rechtlichen Auswirkungen von Kaufverträgen erläutert und erläutert, was diese Verträge rechtsverbindlich und durchsetzbar macht. Vom Angebot bis zur Annahme wird jeder Schritt genau unter die Lupe genommen, um ein umfassendes Verständnis der rechtlichen Rahmenbedingungen zu gewährleisten.

Eventualverbindlichkeiten und Treuhandkonto:

Eventualverbindlichkeiten und Treuhandkonten verleihen Transaktionen ein höheres Maß an rechtlicher Raffinesse. In diesem Abschnitt werden die rechtlichen Bedenken hinsichtlich Eventualverbindlichkeiten in Verträgen und der sicheren Verwaltung von Geldern auf einem Treuhandkonto erörtert. Das Verständnis dieser rechtlichen Verfahren ist sowohl für den Käufer als auch für den Verkäufer von entscheidender Bedeutung, um den Transaktionsweg mit Zuversicht durchlaufen zu können.

3. Einhaltung gesetzlicher Vorschriften im Immobilienbereich

<u>Gesetze zum fairen Wohnen und Antidiskriminierungsvorschriften:</u>

Gesetze zu fairem Wohnraum und Antidiskriminierungsrichtlinien verändern das ethische Umfeld von Immobiliengeschäften. In diesem Abschnitt werden die rechtlichen Anforderungen in Bezug auf faires Wohnen und Antidiskriminierung untersucht, um sicherzustellen, dass Immobilienfachleute im Rahmen von Recht und Ethik handeln.

Umweltvorschriften:

Mit der Entwicklung des Umweltbewusstseins wächst auch die Aufmerksamkeit für Umweltvorschriften im Immobilienbereich. Dieser Abschnitt analysiert die rechtliche Landschaft von Umweltfaktoren und umfasst Bewertungen, Offenlegungen und die Einhaltung regulatorischer Normen. Ein Bewusstsein für diese Standards ist von entscheidender Bedeutung, um sich in einer Landschaft zurechtzufinden, die zunehmend auf nachhaltiges und ethisches Verhalten ausgerichtet ist.

Bebauungsgesetze und Landnutzungsvorschriften:

Bebauungsvorschriften und Landnutzungsbeschränkungen üben enormen Einfluss auf Immobilientransaktionen aus. In diesem Abschnitt werden die rechtlichen Auswirkungen von Bebauungsregeln erläutert und analysiert, wie sie sich auf die Landnutzung und -entwicklung auswirken. Die Einhaltung kommunaler Gesetze wird für Immobilienmakler zu einem entscheidenden Faktor, wenn sie sich im rechtlichen Umfeld zurechtfinden.

4. Rechtliche Sorgfaltspflicht und Offenlegung

Due-Diligence-Prozesse:

Due Diligence ist ein Eckpfeiler eines legalen und fundierten Immobilienkaufs. Dieser Abschnitt befasst sich mit den rechtlichen Verfahren im Zusammenhang mit der Due Diligence und bietet Einblicke in die Pflichten und Pflichten aller Beteiligten. Gründliche Due Diligence ist nicht nur eine empfohlene Praxis; es ist eine gesetzliche Pflicht.

Obligatorische Offenlegungen:

Gesetzliche Standards für die Meldung wichtiger Informationen sind im Immobilienbereich nicht verhandelbar. In diesem Abschnitt geht es um die Verantwortung von Immobilienfachleuten, vorgeschriebene Offenlegungen bereitzustellen. Um die rechtliche Integrität während des gesamten Transaktionsprozesses sicherzustellen, ist es von entscheidender Bedeutung, zu verstehen, was wann gemeldet werden muss.

5. Umgang mit rechtlichen Herausforderungen und Streitigkeiten

Beilegung von Streitigkeiten:

Trotz gründlicher Vorbereitung kann es zu Meinungsverschiedenheiten kommen. Es gibt Möglichkeiten, Konflikte rechtlich sinnvoll zu lösen. Ob Mediation, Schiedsverfahren oder Gerichtsverfahren: Die Kenntnis der rechtlichen Methoden zur Konfliktlösung ist entscheidend, um Probleme souverän zu meistern.

Virtueller Großhandel Reichtum

Rechtsstreitigkeiten im Immobilienbereich:
Wenn sich die Probleme verschlimmern, können rechtliche Schritte unumgänglich sein. Dieser Abschnitt gibt Einblicke in die rechtlichen Auswirkungen von Rechtsstreitigkeiten im Immobilienbereich. Das Verständnis der damit verbundenen Verfahren, von der Einreichung einer Klage bis hin zu Gerichtsverhandlungen, bereitet Immobilienfachleute darauf vor, das rechtliche Umfeld mit Anstand zu verhandeln.

6. Bleiben Sie über rechtliche Änderungen auf dem Laufenden

Anpassung an Gesetzesänderungen:
Das Immobilienrecht ist ein sich wandelndes Terrain. In diesem Abschnitt werden Techniken behandelt, um über Änderungen im Rechtssystem auf dem Laufenden zu bleiben. Durch die Anpassung an gesetzliche Änderungen wird

sichergestellt, dass Immobilienfachleute innerhalb der Grenzen bestehender und wachsender Rechtsnormen arbeiten.

Berufliche Weiterentwicklung der juristischen Kompetenz:

Kontinuierliche berufliche Weiterentwicklung ist der Grundstein für die juristische Kompetenz. In diesem Abschnitt werden Möglichkeiten für Immobilienfachleute untersucht, ihr Verständnis für rechtliche Angelegenheiten zu verbessern. Durch die kontinuierliche Weiterbildung stellen wir sicher, dass die Praktiker in Bezug auf juristisches Wissen und Können auf dem neuesten Stand bleiben.

Virtueller Großhandel Reichtum

Navigieren in den Vorschriften für den virtuellen Großhandel

Angesichts der sich ständig weiterentwickelnden Immobilienbranche hat die Einführung des virtuellen Großhandels neue Möglichkeiten für Unternehmer eröffnet, die auf der Suche nach profitablen Perspektiven sind. Allerdings bringt die virtuelle Sphäre ihre eigenen Einschränkungen und Probleme mit sich, die sachkundige Immobilienmakler bewältigen müssen, um einen legitimen und ethischen Betrieb aufrechtzuerhalten. Diese detaillierte Studie deckt das komplizierte Netz der Regeln für den virtuellen Großhandel ab und liefert einen Leitfaden für Unternehmen, die in der digitalen Wirtschaft erfolgreich sein möchten

1. Die regulatorische Landschaft des virtuellen Großhandels

__Bundesvorschriften:__

Der virtuelle Großhandel schützt Unternehmen nicht vor bundesstaatlichen Immobilienbeschränkungen. Einhaltung von Gesetzen wie dem Fair Housing Act, der verbietet Diskriminierung und die Einhaltung der bundesstaatlichen Offenlegungsstandards ist von entscheidender Bedeutung. Unternehmer müssen diese Regierungsgesetze befolgen und ethische Interaktionen in der virtuellen Umgebung gewährleisten.

__Landesspezifische Regelungen:__

Immobilien sind im Wesentlichen lokal und die Beschränkungen können von Staat zu Staat sehr unterschiedlich sein. Es ist von entscheidender Bedeutung, die besonderen Bedürfnisse jedes Zielmarktes zu verstehen. Staatliche Regelungen haben Einfluss auf Lizenzierung, Vertragsgestaltung

Virtueller Großhandel Reichtum

und Offenlegungspflichten. Unternehmer, die im virtuellen Großhandel tätig sind, müssen die Gesetze in den Staaten, in denen sie tätig sind, genau prüfen und einhalten.

2. Navigieren in den Lizenzanforderungen
Immobilienlizenzierung:

Während der virtuelle Großhandel in der Regel nicht den tatsächlichen Kauf oder Verkauf von Vermögenswerten beinhaltet, können dennoch Lizenzanforderungen gelten. Einige Staaten benötigen möglicherweise Immobilienlizenzen für damit verbundene Operationen Großhandel, insbesondere wenn bestimmte Voraussetzungen erfüllt sind. Unternehmer müssen das Lizenzumfeld sorgfältig prüfen, um die Einhaltung staatlicher Vorschriften zu gewährleisten.

Überlegungen zur Maklertätigkeit:

Im virtuellen Großhandel agieren Unternehmer typischerweise als Vermittler und verbinden Anbieter mit Käufern. Es ist von entscheidender Bedeutung, die Feinheiten der Maklerregeln und -vorschriften zu verstehen. An mehreren Orten ist die Tätigkeit als Immobilienmakler ohne entsprechende Lizenz rechtswidrig. Unternehmer müssen prüfen, ob ihre virtuellen Großhandelsgeschäfte fälschlicherweise unter die Definition von Maklergeschäften fallen, und entsprechende Maßnahmen ergreifen, um diese einzuhalten.

3. Einhaltung der Marketingvorschriften
Standards für digitales Marketing:

Der virtuelle Großhandel hängt hauptsächlich von digitalen Marketingtaktiken ab, um ein größeres Publikum zu erreichen.

Virtueller Großhandel Reichtum

Unternehmen müssen sich jedoch an die Normen und Regeln des digitalen Marketings halten. Die Einhaltung von Datenschutzgesetzen, Anti-Spam-Regeln und ethischen Marketingpraktiken ist von entscheidender Bedeutung, um rechtliche Gefahren zu vermeiden.

Transparente Geschäfte:
Transparenz ist ein Grundpfeiler des ethischen virtuellen Großhandels. Unternehmer müssen genaue und klare Angaben zu den von ihnen geförderten Vermögenswerten machen. Falsche Angaben oder die Unterlassung der Offenlegung wichtiger Daten können rechtliche Konsequenzen nach sich ziehen.

4. Bedenken hinsichtlich Datensicherheit und Datenschutz

Sicherer Umgang mit Daten:

In der virtuellen Umgebung ist die Datensicherheit von entscheidender Bedeutung. Unternehmer müssen strenge Cybersicherheitsverfahren einführen, um sensible Informationen zu schützen. Einhaltung datenschutzrechtlicher Vorschriften, wie z. B. der Datenschutz-Grundverordnung (DSGVO). internationale Transaktionen, gewährleistet die ethische Verwaltung von Kunden- und Transaktionsdaten.

Datenschutzrichtlinien und Offenlegungen:

Unternehmer, die im virtuellen Großhandel tätig sind, sollten Datenschutzregeln entwerfen und offen zeigen. Klare Offenlegungen darüber, wie Daten erfasst, verarbeitet und gespeichert werden, schaffen Vertrauen und spiegeln die Verpflichtung zur Einhaltung des Datenschutzes wider.

5. Anpassung an neue Vorschriften

Technologieintegration:

Mit dem Fortschritt der Technologie entwickeln sich auch die Regeln. Unternehmer müssen mit der sich ändernden Technologie und den daraus resultierenden regulatorischen Änderungen auf dem Laufenden bleiben. Von Blockchain bei Transaktionen bis hin zu künstlicher Intelligenz in der Marktforschung ist es von entscheidender Bedeutung, die rechtlichen Auswirkungen modernster Technologie zu kennen.

Kontinuierliches Lernen und Compliance:

Die Verpflichtung zu ständigem Lernen ist für Unternehmen, die über Beschränkungen des virtuellen Großhandels verhandeln, von entscheidender Bedeutung. Sich über regulatorische Änderungen auf dem Laufenden zu halten, an Branchenseminaren teilzunehmen und mit Rechtsexperten in Kontakt zu treten, sind Taktiken, um die kontinuierliche Einhaltung der Vorschriften aufrechtzuerhalten.

Die Aushandlung von Beschränkungen für den virtuellen Großhandel ist ein wesentlicher Bestandteil der Entwicklung eines lebensfähigen und ethischen Immobilienunternehmens. Unternehmer müssen die virtuelle Umgebung mit einem soliden Bewusstsein für Bundes- und Landesvorschriften, Lizenzanforderungen, Marketingstandards und Datensicherheitsverpflichtungen angehen. Compliance ist nicht nur eine gesetzliche Verpflichtung; Es ist eine Grundlage für die Schaffung von Vertrauen und Glaubwürdigkeit in der virtuellen Wirtschaft. Durch die Akzeptanz von Gesetzen und die Anpassung an das sich entwickelnde rechtliche Umfeld können sich Unternehmen für den Erfolg positionieren

Nachhaltigkeit in der dynamischen Welt des virtuellen Großhandels.

Sicherstellung der Compliance bei grenzüberschreitenden Transaktionen

Mit der Weiterentwicklung der globalen Immobilienbranche kommt es immer häufiger zu grenzüberschreitenden Transaktionen, was Investoren die Möglichkeit bietet, neue Märkte zu erkunden und von ausländischen Immobilieninvestitionen zu profitieren. Angesichts der Komplexität mehrerer Rechtssysteme, regulatorischer Rahmenbedingungen und kultureller Feinheiten ist die Aufrechterhaltung der Compliance bei grenzüberschreitenden Transaktionen jedoch von entscheidender Bedeutung. Dieses Buch präsentiert eine eingehende Analyse der Bedenken, Probleme und Methoden zur Bewältigung des regulatorischen

Umfelds und zur Erreichung der Rechtskonformität im Bereich grenzüberschreitender Immobilientransaktionen.

1. Die grenzüberschreitende Landschaft verstehen

Verschiedene Rechtssysteme:

Eines der größten Hindernisse bei grenzüberschreitenden Transaktionen ist die Vielfalt der Rechtssysteme. Jedes Land hat seine eigenen Gesetze, die Immobilientransaktionen regeln, von Eigentumsrechten bis hin zu vertraglichen Pflichten. Anleger müssen sich mit den rechtlichen Rahmenbedingungen des Ziellandes vertraut machen, um die Einhaltung bei jedem Schritt der Transaktion zu gewährleisten.

Kulturelle und regulatorische Nuancen:

Über rechtliche Rahmenbedingungen hinaus spielen kulturelle und regulatorische Feinheiten bei grenzüberschreitenden Transaktionen eine

Schlüsselrolle. Es ist von entscheidender Bedeutung, die lokalen Kulturen, Geschäftspraktiken und regulatorischen Besonderheiten zu verstehen. Dazu gehört das Verständnis spezieller Regeln zu Immobilieneigentum, Finanzen und steuerlichen Auswirkungen in den einzelnen Ländern.

Wichtige Überlegungen zur Compliance:

Rechtliche Due Diligence:

Eine gründliche rechtliche Due Diligence ist der Grundstein für Compliance bei grenzüberschreitenden Transaktionen. Investoren müssen eine detaillierte Untersuchung der rechtlichen Anforderungen des Ziellandes durchführen. Dazu gehört das Verständnis von Eigentumsgesetzen, Bebauungsvorschriften und etwaigen Beschränkungen für ausländisches Eigentum.

Vertragliche Vereinbarungen:

Die Ausarbeitung wirksamer vertraglicher Vereinbarungen ist von entscheidender Bedeutung. Verträge sollten ordnungsgemäß vorbereitet sein, um den gesetzlichen Anforderungen sowohl des Käufer- als auch des Verkäuferlandes zu entsprechen. Die Beachtung präziser Terminologie, Geschäftsbedingungen und Geschäftsbedingungen gewährleistet die Durchsetzbarkeit und Einhaltung auf weltweiter Ebene.

Steuerliche Auswirkungen:

Steuerliche Fragen sind bei grenzüberschreitenden Transaktionen von entscheidender Bedeutung. Anleger müssen sich der steuerlichen Verantwortung bewusst sein sowohl das Heimatland als auch die Zielgerichtsbarkeit. Dazu gehört das Verständnis aller relevanten Kapitalertragssteuern, Stempelsteuern oder anderen Abgaben, die sich auf die Transaktion auswirken können.

Virtueller Großhandel Reichtum

Vorschriften für ausländische Investitionen:
In vielen Ländern gelten besondere Beschränkungen für ausländische Investitionen in Immobilien. Die Einhaltung dieser Standards ist von entscheidender Bedeutung, um rechtliche Schwierigkeiten zu vermeiden. Anleger müssen sich aller Beschränkungen, Genehmigungen oder Meldepflichten bewusst sein, die das Zielland für ausländische Immobilientransaktionen auferlegt.

2. Bewältigung regulatorischer Herausforderungen

Juristische Expertise:
Die Einbeziehung lokaler Rechtskenntnisse ist eine sinnvolle Methode zur Bewältigung regulatorischer Hürden. Die Zusammenarbeit mit Anwälten, die auf Immobilientransaktionen im Zielland spezialisiert sind, liefert wichtige Einblicke in die lokalen Gesetze und regulatorischen Besonderheiten.

Rechtsspezialisten können Anlegern bei der Bewältigung der Schwierigkeiten helfen und die Einhaltung der Vorschriften in jeder Phase sicherstellen.

Kulturelle Kompetenz:
Kulturelle Kompetenz ist ein oft vernachlässigter Teil der Compliance. Das Verständnis des kulturellen Umfelds, in dem Transaktionen stattfinden, ist für die Schaffung gesunder Verbindungen und die Überwindung möglicher rechtlicher Gefahren von entscheidender Bedeutung. Der Respekt vor lokalen Traditionen und der Geschäftsetikette trägt zum Erfolg grenzüberschreitender Geschäfte bei.

3. Nutzung von Technologie für Compliance
Digitale Plattformen und Tools:
Technologie spielt eine wichtige Rolle bei der Gewährleistung der Compliance bei

grenzüberschreitenden Transaktionen. Digitale Plattformen und Lösungen beschleunigen den Papierkram, fördern sichere Kommunikation und informieren in Echtzeit über regulatorische Anforderungen. Der Einsatz von Technologie steigert die Produktivität und verringert die Gefahr der Vernachlässigung regulatorischer Pflichten.

__Datensicherheit und Datenschutz:__
Angesichts des transnationalen Charakters grenzüberschreitender Transaktionen sind Datensicherheit und Datenschutz von entscheidender Bedeutung. Anleger müssen weltweite Datenschutzbestimmungen wie die Datenschutz-Grundverordnung (DSGVO) einhalten, um sensible Informationen zu schützen und die Einhaltung internationaler Datenschutzgesetze zu gewährleisten.

Virtueller Großhandel Reichtum

Die Wahrung der Compliance bei grenzüberschreitenden Immobilientransaktionen ist eine mehrdimensionale Aufgabe, die ein tiefes Bewusstsein für rechtliche, kulturelle und regulatorische Zusammenhänge erfordert. Investoren, die in ausländische Märkte investieren, müssen auf rechtliche Due Diligence Wert legen, gründliche vertragliche Vereinbarungen treffen und sich der steuerlichen Konsequenzen und Regeln für Auslandsinvestitionen bewusst sein.

Virtueller Großhandel Reichtum

Die Zusammenarbeit mit lokalen Rechtsexperten und das Engagement für kulturelle Kompetenz tragen zu effektiven und gesetzeskonformen Transaktionen bei.

Im digitalen Zeitalter wird der Einsatz von Technologie nicht nur zu einer Annehmlichkeit, sondern auch zu einer Notwendigkeit für ein effektives Compliance-Management. Durch die Berücksichtigung der Feinheiten grenzüberschreitender Transaktionen und die proaktive Beseitigung regulatorischer Hindernisse können Immobilieninvestoren eine Grundlage für den Erfolg in der Weltwirtschaft schaffen.

Risikominderung im virtuellen Immobilienbereich

Während die Immobilienbranche einen digitalen Wandel durchläuft, bringt die virtuelle Welt sowohl außergewöhnliche Perspektiven als auch eine Reihe deutlicher Hindernisse mit sich. Vom virtuellen Großhandel bis hin zu Online-Märkten und Geschäftsabschlüssen aus der Ferne müssen Immobilienprofis die digitale Welt mit Sorgfalt durchqueren, um Gefahren effizient zu reduzieren. Dieses ausführliche Buch befasst sich mit den Techniken und Überlegungen, die für den Umgang mit Gefahren in der virtuellen Umgebung erforderlich sind, und garantiert eine sichere und profitable Reise in die digitale Zukunft der Immobilienbranche.

Das Risiko virtueller Immobilien verstehen

Bedrohungen der Cybersicherheit:

In der virtuellen Umgebung sind die Gefahren für die Cybersicherheit groß. Immobilientransaktionen enthalten große Mengen sensibler Daten und sind daher ein hervorragendes Ziel für Hacker. Die Eindämmung von Bedrohungen erfordert umfassende Cybersicherheitsmaßnahmen, einschließlich Verschlüsselung, sicherer Kommunikationswege und regelmäßiger Cybersicherheitsbewertungen.

Datenschutzbedenken:

Datenschutz ist ein grundlegendes Merkmal virtueller Interaktionen. Das Sammeln, Speichern und Austauschen persönlicher und finanzieller Informationen erfordert die Einhaltung von Datenschutzstandards. Immobilienfachleute müssen strenge Datenschutzregeln schaffen, Interessengruppen aufklären und sichere Plattformen bereitstellen, um die mit Datenschutzverletzungen verbundenen Gefahren zu begrenzen.

Transaktionsintegrität:
Die Wahrung der Integrität virtueller Transaktionen ist ein zentrales Problem. Risiken wie Betrug, Täuschung und illegaler Zugriff können das Vertrauen in virtuelle Geschäfte schwächen. Die Implementierung sicherer Transaktionsprotokolle, die Durchführung strenger Due-Diligence-Prüfungen und die Nutzung der Blockchain-Technologie für Transaktionstransparenz sind Techniken zur Reduzierung dieser Risiken.

Schlüsselstrategien zur Minderung virtueller Immobilienrisiken

Aufklärung der Interessengruppen:
Die Eindämmung von Gefahren im virtuellen Bereich beginnt mit der Aufklärung aller

Beteiligten. Von Kunden bis hin zu Teammitgliedern ist es von entscheidender Bedeutung, das Wissen über mögliche Gefahren, Best Practices für Cybersicherheit und die Einhaltung von Compliance-Anforderungen zu verbessern. Gut informierte Stakeholder bilden die erste Verteidigungslinie gegen virtuelle Gefahren.

Implementierung sicherer Technologien:
Die Wahl der bei virtuellen Immobilientransaktionen eingesetzten Technologie hat großen Einfluss auf die Risikominimierung. Der Einsatz sicherer Kommunikationstools, verschlüsselter Plattformen und modernster Cybersicherheitslösungen stärkt die virtuelle Umgebung. Regelmäßige Aktualisierungen und Patches der IT-Infrastruktur sind von entscheidender Bedeutung, um neuen Risiken einen Schritt voraus zu sein.

Umfassende Due Diligence:

Eine gründliche Due Diligence ist ein Eckpfeiler der Risikominderung bei jeder Immobilientransaktion, ob virtuell oder anderweitig. Virtuelle Geschäfte sollten der gleichen strengen Prüfung unterzogen werden wie herkömmliche. Dabei geht es um die Bestätigung von Sachverhaltsangaben, die Durchsicht juristischer Unterlagen und die Beurteilung der Zuverlässigkeit aller Beteiligten.

Rechtskonformität und Dokumentation:

Die Einhaltung gesetzlicher Compliance-Normen ist im virtuellen Bereich nicht verhandelbar. Immobilienmakler müssen garantieren, dass alle virtuellen Transaktionen den lokalen und internationalen Gesetzen entsprechen. Robuste Dokumentationsmethoden, einschließlich klarer Verträge und Offenlegungserklärungen, helfen bei der Einhaltung gesetzlicher Vorschriften und der Risikominimierung.

Risikominderung im virtuellen Großhandel

<u>Transparente Geschäfte:</u>

Im virtuellen Großhandel ist Offenheit entscheidend. Um Risiken zu mindern, müssen genaue und klare Informationen über Immobilien, Bewertungen und Transaktionsstrukturen bereitgestellt werden. Transparente Interaktionen schaffen Vertrauen und verringern die Möglichkeit von Konflikten oder rechtlichen Schwierigkeiten.

Sichere virtuelle Kommunikation:

Der virtuelle Großhandel erfordert eine umfassende digitale Kommunikation. Durch die Implementierung sicherer Kommunikationskanäle, verschlüsselter E-Mails und virtueller Konferenzlösungen mit robusten Cybersicherheitsfunktionen bleiben wichtige Informationen erhalten. Kommunikationssicherheit ist von entscheidender Bedeutung, um Gefahren im virtuellen Großhandel zu reduzieren.

Anpassung an regulatorische Änderungen:

Das regulatorische Umfeld im virtuellen Großhandel entwickelt sich weiter. Um Risiken zu mindern, müssen Sie über Entwicklungen in der Immobiliengesetzgebung, Beschränkungen digitaler Transaktionen und Compliance-Anforderungen auf dem Laufenden sein. Unternehmer müssen ihre virtuellen Großhandelspraktiken ändern, um den wachsenden regulatorischen Verpflichtungen gerecht zu werden.

Virtueller Großhandel Reichtum

Die Reduzierung von Risiken im virtuellen Immobilienbereich erfordert eine proaktive und geplante Strategie. Das Bewusstsein für Cybersicherheit, Datenschutzmaßnahmen, eine strenge Sorgfaltspflicht und die Einhaltung gesetzlicher Vorschriften sind wesentliche Säulen der Risikominderung. Immobilienfachleute müssen sich sichere Technologien zu eigen machen, Stakeholder aufklären und sich an die sich entwickelnden regulatorischen Rahmenbedingungen anpassen, um die digitale Grenze mit Zuversicht zu überschreiten. Durch die Priorisierung von Risikominderungstechniken kann der Sektor das enorme Potenzial der virtuellen Welt nutzen und gleichzeitig die Integrität und Sicherheit von Immobilientransaktionen im digitalen Zeitalter gewährleisten.

KAPITEL 7

ENTWICKLUNG EINER VIRTUELLEN GROSSHANDELSMARKE

Im dynamischen Immobilienbereich hat sich der virtuelle Großhandel zu einer disruptiven Technik entwickelt, die geografische Beschränkungen auflöst und die Leistungsfähigkeit der digitalen Umgebung nutzt. Der Aufbau einer virtuellen Großhandelsmarke erfordert eine bewusste Kombination aus digitalem Marketing, Markenkonzepten und einem gründlichen Verständnis der spezifischen Feinheiten des virtuellen Marktplatzes. Diese eingehende Untersuchung befasst sich mit den wichtigen Aspekten der Entwicklung und Verbesserung einer virtuellen Großhandelsmarke und liefert Erkenntnisse und effektive Taktiken für den Erfolg im digitalen Bereich der Immobilienbranche.

Definition der Essenz einer virtuellen Großhandelsmarke

Der Aufbau einer virtuellen Großhandelsmarke beginnt mit einem umfassenden Verständnis des virtuellen Marktplatzes. Der virtuelle Großhandel umfasst den Kauf und die Veräußerung von Immobilien mithilfe digitaler Tools und Plattformen und befreit die Praktiker von den Einschränkungen der physischen Präsenz. Dieses Wissen bildet die Grundlage, auf der eine überzeugende Marke aufgebaut werden kann.

Markenwerte und Alleinstellungsmerkmale

In der digitalen Welt ist eine Marke mehr als nur ein Logo oder ein Name; Es ist die Verkörperung von Werten und ein eindeutiges Wertversprechen.

Virtuelle Großhändler müssen ihre Markenwerte, Integrität, Transparenz und Effizienz identifizieren und beschreiben, was sie im virtuellen Bereich auszeichnet. Diese Klarheit ist die Grundlage für den Aufbau einer Markenidentität, die die Zielgruppe anspricht.

Erstellen visueller Branding-Elemente für den virtuellen Großhandel

Die Kraft der visuellen Identität:
Im virtuellen Raum, wo der erste Eindruck typischerweise durch einen Blick entsteht, spielen visuelle Aspekte eine entscheidende Rolle. Die Gestaltung eines einprägsamen Logos, die Auswahl einer konsistenten Farbpalette und die Erstellung einer ästhetisch ansprechenden Website sind wichtige Bestandteile der Etablierung einer starken visuellen Markenidentität. Diese Komponenten tragen zur Markenbekanntheit bei und erzeugen ein

Gefühl der Professionalität im virtuellen Großhandel.

Optimierung des Website-Designs für die Benutzererfahrung:

Der digitale Shop einer virtuellen Großhandelsmarke ist ihre Website. Es ist von entscheidender Bedeutung, ein flüssiges und benutzerfreundliches Erlebnis zu gewährleisten. Von der einfachen Navigation bis hin zur mobilen Anpassungsfähigkeit muss die Website so gestaltet sein, dass sie dem Benutzer ein angenehmes Erlebnis bietet.

Klare Handlungsaufforderungen und leicht verfügbare Inhalte steigern die Effizienz der Website bei der Umwandlung von Besuchern in Leads.

Nutzung sozialer Medien im virtuellen Großhandels-Branding

Auswahl der richtigen Plattformen:

Social Media ist ein fantastisches Instrument für die virtuelle Markenbildung im Großhandel. Die Identifizierung der am besten geeigneten Kanäle wie LinkedIn, Facebook oder Instagram hilft Praktikern, mit einem größeren Publikum in Kontakt zu treten. Jede Website hat ihre Vorteile und ein intelligenter Ansatz bei der Auswahl sozialer Medien ermöglicht ein effektives Markenmarketing.

Content-Erstellung für Engagement:

Inhalte sind das Geld des digitalen Universums. Durch die Erstellung ansprechender Inhalte, sei es durch lehrreiche Blog-Artikel, optisch ansprechende Infografiken oder faszinierende Videoinhalte, wird ein Unternehmen als Unternehmen beworben Experte für virtuellen Großhandel. Schulungsmaterial, das auf die Schwachstellen potenzieller Kunden eingeht, schafft Vertrauen und macht das Unternehmen als wertvolle Ressource in der Branche bekannt.

Implementierung von SEO-Strategien für die Markensichtbarkeit im virtuellen Großhandel

Optimierung für Suchmaschinen:

Sichtbarkeit ist im digitalen Bereich von entscheidender Bedeutung und Suchmaschinenoptimierung (SEO) ist der Schlüssel zur Online-Auffindbarkeit. Die Implementierung von SEO-Taktiken garantiert, dass eine virtuelle Großhandelsmarke in den Suchmaschinenergebnissen weit oben erscheint, wodurch der organische Verkehr gesteigert und die Markenpräsenz verbessert wird.

<u>Verwendung von Schlüsselwörtern für gezielte Reichweite:</u>

Die Keyword-Optimierung ist ein Grundstein für effizientes SEO. Das Verständnis der Schlüsselwörter und Phrasen, die potenzielle Kunden bei der Suche nach virtuellen Großhandelsdiensten verwenden, ermöglicht es Unternehmen, ihr Webmaterial für eine optimale Präsenz anzupassen.

Durch die gezielte Keyword-Integration über digitale Assets hinweg erhöht sich die Reichweite der Marke bei einer relevanten Zielgruppe.

Vertrauen aufbauen durch transparente Kommunikation

<u>Transparenz als Markensäule:</u>

Vertrauen ist das Rückgrat jeder erfolgreichen Marke. Im virtuellen Großhandel, wenn Transaktionen aus der Ferne erfolgen, wird Transparenz noch wichtiger. Eine klare

Beschreibung der Abläufe, ehrliche Informationen zu Vereinbarungen und die Offenlegung möglicher Hindernisse tragen dazu bei, Vertrauen in die Marke des virtuellen Großhandels zu schaffen.

Kundenstimmen und Erfolgsgeschichten:
Erfolgsgeschichten aus der Praxis und Kundenstimmen sind wesentliche Instrumente zur Vertrauensbildung. Die Bereitstellung von Erfahrungsberichten auf der Website und der Austausch von Erfolgsgeschichten über digitale Medien machen das Unternehmen menschlicher und verdeutlichen seine Fähigkeit, bei virtuellen Großhandelstransaktionen konkrete Ergebnisse zu erzielen.

Innovative Technologien und Markenanpassungsfähigkeit

<u>Umfassende technologische Innovationen:</u>

Der virtuelle Großhandel findet an der Schnittstelle von Immobilien und Technologie statt. Marken, die neuartige Technologien wie Virtual Reality (VR) für Immobilienbesichtigungen oder künstliche Intelligenz (KI) für die Datenanalyse einsetzen, zeigen Vielseitigkeit und eine zukunftsorientierte Strategie. Durch die Integration dieser Technologien in Branding-Initiativen wird die Marke zum Marktführer im virtuellen Großhandel.

<u>Markenanpassungsfähigkeit in einer dynamischen Landschaft:</u>

Die Internetwelt verändert sich und virtuelle Großhandelsunternehmen müssen agil sein. Sich über die Entwicklung von Trends auf dem Laufenden zu halten, sich schnell auf neue Technologien einzulassen und die Markentaktiken als Reaktion auf Marktentwicklungen anzupassen, zeigt die Fähigkeit einer Marke, sich in der sich ständig weiterentwickelnden virtuellen Landschaft zu behaupten.

Der Aufbau einer virtuellen Großhandelsmarke ist ein heikler Prozess, der ein gründliches Bewusstsein für den digitalen Markt, eine Verpflichtung zur Offenheit und eine gezielte Balance zwischen visuellen und inhaltlichen Aspekten erfordert. Durch die Definition von Markenwerten, die Optimierung visueller und digitaler Assets, die effektive Nutzung sozialer Medien und die Anpassungsfähigkeit an technologische Innovationen können virtuelle Großhandelsmarken nicht nur eine starke Online-Präsenz aufbauen, sondern auch Vertrauen und Glaubwürdigkeit in der wettbewerbsintensiven Welt der Remote-Immobilientransaktionen stärken. Bei der Beherrschung der Kunst des virtuellen Großhandels-Brandings geht es nicht nur um die Entwicklung eines Logos oder einer Website; Es geht darum, eine digitale Identität aufzubauen, die eine Verbindung zu den Kunden herstellt, das Unternehmen von anderen abhebt und es als Marktführer im neuen Bereich des virtuellen Großhandels positioniert.

Effektive Online-Marketing-Strategien

In der schnelllebigen und vernetzten Welt des Internets sind effektive Online-Marketingtechniken wichtig für Unternehmen, die erfolgreich sein und wettbewerbsfähig bleiben wollen. Dieses umfassende Buch analysiert eine Vielzahl von Strategien, Methoden und Best Practices, die Unternehmen implementieren können, um die Leistungsfähigkeit der digitalen Umgebung zu nutzen, mit ihrer Zielgruppe in Kontakt zu treten und praktische Ergebnisse im Online-Bereich zu erzielen.

Digitale Transformation und Verbraucherverhalten

Die digitale Welt hat einen grundlegenden Umbruch erlebt und die Art und Weise verändert, wie Kunden nach Produkten suchen, mit ihnen in Kontakt treten und Kaufentscheidungen treffen. Das Verständnis der Veränderungen im Kundenverhalten ist entscheidend für die Etablierung von Online-Marketingtechniken, die eine Verbindung zum aktuellen Publikum herstellen.

Der Multichannel-Ansatz:

Effektives Internet-Marketing geht über einen einzelnen Kanal hinaus. Die Multichannel-Methode beinhaltet die sorgfältige Integration mehrerer Online-Kanäle wie soziale Medien, Suchmaschinen, E-Mail und Content-Marketing, um eine einheitliche und überzeugende Online-Präsenz aufzubauen. Jeder Kanal erfüllt eine bestimmte Funktion im

Verbrauchererlebnis, von der Bekanntheit bis zur Konvertierung.

Schlüsselkomponenten effektiver Online-Marketing-Strategien
Suchmaschinenoptimierung (SEO):
SEO ist ein Eckpfeiler der Internetpräsenz. Unternehmen müssen ihre digitalen Assets, einschließlich Websites und Inhalte, optimieren, um in den Suchmaschinenergebnissen besser zu ranken. Durch die Ausrichtung auf relevante Schlüsselwörter und die Bereitstellung hervorragender Inhalte erhöhen Unternehmen ihre Chancen, von potenziellen Verbrauchern gefunden zu werden.

Exzellentes Content-Marketing:
Inhalte sind das Geld des Internets. Die Erstellung hochwertiger, relevanter und hilfreicher Inhalte stärkt die Autorität, fesselt das Publikum und fördert den organischen Traffic. Ob Blog-Beiträge, Videos,

Infografiken oder Podcasts – ein solider Content-Marketing-Plan ist entscheidend für den Erfolg des Online-Marketings.

Beherrschung sozialer Medien:
Social-Media-Plattformen sind starke Instrumente zur Generierung von Markenbekanntheit und zur Förderung des Engagements. Effektives Online-Marketing bedeutet, die richtigen Social-Media-Plattformen für die Zielgruppe auszuwählen, gemeinsam nutzbare Inhalte zu entwickeln und an sinnvollen Gesprächen teilzunehmen, um eine engagierte Online-Community aufzubauen.

E-Mail-Marketing-Strategien:
Trotz des Wachstums mehrerer Kommunikationskanäle bleibt E-Mail-Marketing ein wichtiges Instrument für Unternehmen. Der Aufbau und die Pflege einer E-Mail-Liste ermöglicht die direkte Interaktion mit dem Publikum. Personalisiertes und zielgerichtetes

E-Mail-Marketing kann zu Conversions führen und dauerhafte Kundenbeziehungen aufbauen.

Strategien für effektive Online-Werbung

Bezahlte Suchmaschinenwerbung (PPC):

Bezahlte Suchmaschinenwerbung, häufig über Plattformen wie Google Ads, ermöglicht es Unternehmen, um die Platzierung von Anzeigen in Suchmaschinenergebnissen zu konkurrieren. Diese maßgeschneiderte Methode stellt sicher, dass die Werbung den Besuchern präsentiert wird, die aktiv nach verwandten Artikeln oder Dienstleistungen suchen, und erhöht so die Wahrscheinlichkeit von Conversions.

Social-Media-Werbung:

Plattformen wie Facebook, Instagram und LinkedIn bieten leistungsstarke Werbemöglichkeiten. Social-Media-Werbung ermöglicht es Unternehmen, auf bestimmte demografische Merkmale, Interessen und Verhaltensweisen abzuzielen und so eine gezielte Zielgruppe zu erreichen. Überzeugende Bilder und eine ansprechende Anzeigensprache sind wichtig für den Erfolg in der Social-Media-Werbung.

Remarketing und Retargeting:

Bei Remarketing und Retargeting geht es darum, Menschen anzusprechen, die zuvor online mit einer Marke in Kontakt gekommen sind. Ganz gleich, ob es sich um Website-Besuche oder abgebrochene Warenkörbe handelt, diese Methode hält die Marke bei potenziellen Käufern aufrecht und erhöht die Wahrscheinlichkeit einer Konversion bei einem erneuten Besuch.

Nutzung von Daten für eine fundierte Entscheidungsfindung

Datenanalyse und Leistungsmessung:

Effektives Webmarketing hängt von datengesteuerten Erkenntnissen ab. Mithilfe von Technologien wie Google Analytics können Unternehmen die Wirksamkeit ihrer Online-Marketing-Initiativen bewerten. Schlüsselindikatoren wie Website-Traffic, Konversionsraten und Nutzerverhalten liefern wichtige Informationen zur Verbesserung der Strategie.

A/B-Tests zur Optimierung:

Beim A/B-Testen wird mit Varianten von Webelementen wie Anzeigeninhalten, Zielseiten oder E-Mail-Betreffzeilen experimentiert, um herauszufinden, welche besser funktionieren. Diese iterative Methode ermöglicht es Unternehmen, ihre Strategie auf der Grundlage von Echtzeitdaten anzupassen und so den maximalen Effekt zu erzielen.

Aufbau einer positiven Online-Reputation

Online-Reputationsmanagement:

Der Aufbau und Erhalt einer guten Reputation im Internet ist von entscheidender Bedeutung. Unternehmen müssen Internetbewertungen regelmäßig überwachen, auf Kundenkommentare reagieren und Probleme schnell lösen. Ein guter Ruf im Internet fördert Vertrauen und Vertrauenswürdigkeit und beeinflusst Kaufentscheidungen.

Authentizität und Markenkonsistenz:

Um Vertrauen zu gewinnen, ist ein einheitliches Branding in allen Online-Medien von entscheidender Bedeutung. Von visuellen Aspekten bis hin zu Botschaften fördert die Wahrung von Authentizität und Konsistenz eine identifizierbare

Markenidentität. Verbraucher neigen eher dazu, mit Unternehmen in Kontakt zu treten und ihnen zu vertrauen, die regelmäßig eine kohärente Botschaft vermitteln.

Anpassung an neue Trends und Technologien
Umfassende technologische Innovationen:
Um im Internet-Marketing an der Spitze zu bleiben, ist die Einführung sich weiterentwickelnder Technologien erforderlich. Von künstlicher Intelligenz in Chatbots bis hin zu Virtual- und Augmented-Reality-Erlebnissen müssen Unternehmen Technologien prüfen und integrieren, die mit ihren Zielen in Einklang stehen und das Verbrauchererlebnis verbessern.

Optimierung der Sprachsuche:
Mit der Verbreitung sprachaktivierter Geräte wird die Optimierung der Sprachsuche immer wichtiger. Unternehmen sollten ihre Online-Inhalte an Anfragen in natürlicher Sprache anpassen und so

ihre Präsenz in der sich entwickelnden Welt der Sprachsuche sicherstellen.

Effiziente Internet-Marketingtechniken sind für Unternehmen, die in der digitalen Welt erfolgreich sein möchten, von entscheidender Bedeutung. Indem Sie die dynamische Online-Welt verstehen und wesentliche Komponenten wie SEO und Inhalte beherrschen Marketing und soziale Medien sowie die Nutzung der Macht der Daten können Unternehmen mit ihrem Publikum in Kontakt treten, Engagement generieren und nachweisbare Erfolge erzielen. Mit einem Engagement für Anpassung, einem Fokus auf das Kundenerlebnis und der Akzeptanz neuer Technologien können Unternehmen mit Zuversicht in die digitale Zukunft gehen und ihre Relevanz und Wirkung in der sich ständig weiterentwickelnden Welt des Online-Marketings bewahren.

Nutzung sozialer Medien für den Immobilienerfolg

Auf dem sich ständig weiterentwickelnden Immobilienmarkt ist die Nutzung sozialer Medien zu einem entscheidenden Erfolgsansatz geworden. Social-Media-Plattformen bieten Immobilienmaklern ein lebendiges und wichtiges Umfeld, um mit Kunden in Kontakt zu treten, Immobilien zu präsentieren und eine starke Online-Präsenz aufzubauen. Dieses ausführliche Buch analysiert die zahlreichen Facetten von Social Media Marketing, Bereitstellung von Erkenntnissen und konkreten Maßnahmen für den Immobilienerfolg im digitalen Umfeld.

Den Einfluss von Social Media auf Immobilien verstehen

Der Wandel im Verbraucherverhalten:

Das Aufkommen sozialer Medien hat die Art und Weise, wie Benutzer mit Informationen interagieren, Entscheidungen treffen und mit Unternehmen in Kontakt treten, radikal verändert. Im Immobilienkontext nutzen potenzielle Käufer und Verkäufer Plattformen wie Facebook, Instagram und LinkedIn, um Immobilien zu erkunden, Daten zu sammeln und mit Immobilienexperten zu kommunizieren.

Visuelles Storytelling und Immobilienpräsentation:

Der visuelle Charakter von Social Media passt hervorragend zu den Anforderungen der Immobilienbranche an ansprechende Bilder. Immobilienmakler können Plattformen nutzen, um Häuser mithilfe hochwertiger Fotos, virtueller

Rundgänge und überzeugender Filme zu präsentieren.

Visuelles Storytelling fesselt das Publikum und steigert das Interesse an denkmalgeschützten Immobilien.

Aufbau einer strategischen Social-Media-Präsenz

Auswahl der richtigen Plattformen:

Jedes Social-Media-Netzwerk richtet sich an ein bestimmtes Publikum und einen bestimmten Inhaltstyp. Immobilienmakler müssen bewusst Plattformen auswählen, die ihrer Zielgruppe entsprechen. Instagram eignet sich möglicherweise perfekt für optisch ansprechende Immobilienfotos, während LinkedIn eine professionelle Plattform für Networking und Branchen-Updates bietet.

Aufbau einer konsistenten Markenidentität:
Konsistenz ist beim Social-Media-Branding von entscheidender Bedeutung. Immobilienfachleute sollten über alle Kanäle hinweg eine kohärente Markenidentität pflegen, einschließlich einheitlicher Bilder, Botschaften und Töne. Ein einheitlicher Markenauftritt schafft Bekanntheit und stärkt das Vertrauen potenzieller Kunden.

Social-Media-Content-Strategien für Immobilien

Bildungsinhalte und Markteinblicke:
Sich als Branchenexperte zu positionieren, beinhaltet die Bereitstellung von Lehrinformationen und Markteinblicken. Immobilienexperten können Blogeinträge, Infografiken oder Filme schreiben, in denen Markttrends, Anlagemethoden und relevante Erkenntnisse detailliert beschrieben werden. Dieses Material demonstriert nicht nur Können, sondern bietet dem Betrachter auch einen Mehrwert.

Immobilienpräsentationen und virtuelle Rundgänge:

Durch die Nutzung der visuellen Anziehungskraft sozialer Medien können Immobilienmakler Häuser durch optisch ansprechende Beiträge und virtuelle Rundgänge präsentieren. Plattformen wie Instagram und Facebook ermöglichen immersive Immobilienerlebnisse und ermöglichen es potenziellen Käufern, Angebote online zu erkunden.

Kundenstimmen und Erfolgsgeschichten:

Das Teilen von Kundenstimmen und Erfolgsgeschichten verleiht der Social-Media-Präsenz eine persönliche Note. Positive Erfahrungen früherer Kunden wirken als überzeugende Empfehlungen und stärken die Reputation. Diese Geschichten machen den Immobilienmakler menschlich und bauen eine emotionale Verbindung zum Publikum auf.

Engagement und Gemeinschaftsaufbau

Zwei-Wege-Kommunikation:

Soziale Medien sind ein Ort für Gespräche. Immobilienmakler sollten aktiv mit ihrem Publikum in Kontakt treten, indem sie auf Kommentare antworten, Fragen beantworten und sich an Gesprächen beteiligen. Dieser wechselseitige Kontakt entwickelt ein Gemeinschaftsgefühl und zeigt den Fachmann als zugänglich und reaktionsschnell.

Durchführung von Live-Events und Frage-und-Antwort-Runden:

Live-Events und Frage-und-Antwort-Runden auf Plattformen wie Instagram Live oder Facebook Live ermöglichen eine Interaktion in Echtzeit. Immobilienfachleute können virtuelle Tage der offenen Tür, Frage-und-Antwort-Runden zum

Virtueller Großhandel Reichtum

lokalen Markt oder Gespräche über Branchentrends abhalten. Live-Events steigern das Engagement und ermöglichen eine direkte Verbindung mit dem Publikum.

Werbung und gezielte Kampagnen
Bezahlte Werbung in sozialen Medien:
Bezahlte Werbung in sozialen Medien ermöglicht es Immobilienmaklern, bestimmte demografische Zielgruppen anzusprechen und sicherzustellen, dass ihr Material die am besten geeignete Zielgruppe erreicht. Plattformen wie Facebook Ads und Instagram Ads ermöglichen eine präzise Ausrichtung auf geografische, demografische und interessenbezogene Aspekte und steigern so die Wirkung von Marketingbemühungen.

Retargeting-Strategien:
Beim Retargeting geht es darum, diejenigen anzusprechen, die zuvor mit den Materialien eines

Immobilienprofis interagiert haben. Diese Methode sorgt dafür, dass die Marke in den Gedanken potenzieller Kunden im Vordergrund steht und die Wahrscheinlichkeit einer Konvertierung verbessert wird. Retargeting-Werbung kann neue Einträge hervorheben, Erfolgsgeschichten hervorheben oder hilfreiches Material bereitstellen.

Erfolgsmessung und iterative Verbesserung
<u>Analysen und Key Performance Indicators (KPIs):</u>
Immobilienmakler sollten Social-Media-Analysetools nutzen, um die Wirksamkeit ihrer Bemühungen zu überwachen. Die Verfolgung wichtiger Kennzahlen wie Engagement-Raten, Reichweite und Konversionsraten liefert wichtige Einblicke in die Wirksamkeit der Social-Media-Strategie. Die Analyse von Daten ermöglicht iterative Verbesserungen und Optimierungen.

A/B-Tests zur Inhaltsoptimierung:

Das Experimentieren mit verschiedenen Arten von Inhalten mittels A/B-Tests hilft Immobilienmaklern herauszufinden, was ihre Zielgruppe am meisten anspricht. Das Testen von Änderungen an Grafiken, Beschreibungen oder Veröffentlichungsplänen trägt dazu bei, die Inhaltsstrategie für eine optimale Interaktion zu verbessern.

Herausforderungen meistern und relevant bleiben

Einhaltung gesetzlicher Vorschriften:

Immobilienmakler müssen bei der Nutzung sozialer Medien Branchenbeschränkungen und rechtliche Fragen aushandeln. Die Einhaltung fairer Wohnvorschriften, die Bereitstellung korrekter Immobilieninformationen und die Gewährleistung der Einhaltung ethischer Standards sind entscheidend für die Wahrung eines guten Rufs und die Vermeidung rechtlicher Komplikationen.

Anpassung an neue Trends:

Um im sich verändernden Social-Media-Ökosystem relevant zu bleiben, müssen Sie auf sich entwickelnde Trends reagieren. Immobilienmakler sollten die Fortschritte der Branche verfolgen, neue Funktionen auf Social-Media-Plattformen erkunden und kreative Technologien wie Augmented Reality für virtuelle Immobilienbesichtigungen nutzen.

Die Nutzung sozialer Medien ist eine dynamische und komplexe Methode, um im Immobiliensektor erfolgreich zu sein. Durch den proaktiven Aufbau einer starken Social-Media-Präsenz, die Bereitstellung interessanter Inhalte, die Pflege der Community und den Einsatz gezielter Werbung können Immobilienmakler mit ihrem Publikum in Kontakt treten, Immobilien präsentieren und dauerhafte Verbindungen aufbauen.

KAPITEL 8

SKALIEREN SIE IHR VIRTUELLES GROßHANDELSGESCHÄFT

Die Skalierung eines Unternehmens ist ein schwieriger und dynamischer Prozess, der sorgfältige Planung, intelligente Ausführung und die Fähigkeit erfordert, den Erfolg in größerem Maßstab zu duplizieren. Unabhängig davon, ob Sie ein Startup sind, das expandieren möchte, oder eine etablierte Organisation, die eine beträchtliche Entwicklung anstrebt, ist die Implementierung effizienter Skalierungstaktiken von entscheidender Bedeutung. In diesem ausführlichen Buch werden wesentliche Ideen und konkrete Maßnahmen besprochen, um den Erfolg zu reproduzieren und Ihr Unternehmen zu neuen Höhen zu entwickeln.

Das Wesen der Skalierung verstehen

Skalierung im Unternehmen definieren:

Die Skalierung geht über die bloße Erweiterung hinaus. Dazu müssen Sie die Fähigkeit Ihres Unternehmens stärken, das Wachstum effektiv zu steuern. Es geht darum, die Eigenschaften, die zu Ihrem frühen Erfolg geführt haben, in größerem Maßstab zu reproduzieren, die Qualität zu bewahren und wachsende Anforderungen ohne Leistungseinbußen zu erfüllen.

Die Rolle der Replikation:

Replikation ist ein wichtiges Konzept der Skalierbarkeit. Dabei geht es darum, erfolgreiche Verfahren, Taktiken und Systeme zu kopieren, die sich in einem kleineren Umfeld als nützlich erwiesen haben. Die Replikation von Erfolgen ermöglicht es Unternehmen, Beständigkeit zu wahren und eine nachhaltige Entwicklung zu schaffen.

Grundlegende Elemente für eine erfolgreiche Skalierung

__Klares Geschäftsmodell und Wertversprechen__:
Überprüfen Sie vor einer Erhöhung, ob Ihre Unternehmensstrategie klar und erfolgreich ist. Definieren Sie Ihr einzigartiges Wertversprechen und verstehen Sie, was Ihr Unternehmen auszeichnet. Ein solides Fundament stellt sicher, dass Skalierungsinitiativen auf einem stabilen Rahmen wachsen.

__Effiziente Systeme und Prozesse:__
Effizienz ist entscheidend für Wachstum. Optimieren und verbessern Sie Ihre aktuellen Systeme und Verfahren. Durch die Identifizierung

von Möglichkeiten zur Automatisierung und die Schaffung standardisierter Verfahren wird sichergestellt, dass Ihr Unternehmen größere Volumina ohne Qualitätsverlust bewältigen kann.

Skalieren Sie Ihre Marktpräsenz

Marktforschung und -expansion:

Führen Sie eine detaillierte Marktforschung durch, um mögliche Wachstumsaussichten zu finden. Verstehen Sie die Demografie, Geschmäcker und Trends in neuen Märkten. Passen Sie Ihre Strategie an jeden Standort an und beachten Sie, dass das, was an einem Ort funktioniert, möglicherweise an anderer Stelle angepasst werden muss.

Strategische Partnerschaften und Allianzen:

Bilden Sie strategische Allianzen mit Unternehmen, die Ihr Unternehmen ergänzen. Diese Beziehungen können den Zugang zu neuen Märkten, Ressourcen und Fachwissen ermöglichen. Ein kollaborativer

Ansatz unterstützt den gegenseitigen Fortschritt und verstärkt Ihre Skalierungsbemühungen.

Technologie für mehr Effizienz nutzen

Datengesteuerte Entscheidungsfindung:

Nutzen Sie die Leistungsfähigkeit der Datenanalyse, um Ihre Skalierungsentscheidungen zu beeinflussen. Analysieren Sie Verbraucherverhalten, Markttrends und Leistungsindikatoren.

Datengesteuerte Erkenntnisse informieren über strategische Entscheidungen und helfen Ihnen, sich an veränderte Bedingungen anzupassen.

Skalierbare Technologieinfrastruktur:

Investieren Sie in skalierbare Technologie, die mit Ihrem Unternehmen wachsen kann. Stellen Sie sicher, dass Ihre Infrastruktur, einschließlich Software und Hardware, steigende Anforderungen ohne Leistungseinbußen bewältigen kann.

Virtueller Großhandel Reichtum

Skalierbare Technologie ist ein Grundstein für effektive Skalierbarkeit.

Skalierung von Marketing und Kundenakquise

Digitale Marketingstrategien:
Erweitern Sie Ihre digitalen Marketingbemühungen, um ein größeres Publikum zu erreichen. Nutzen Sie maßgeschneiderte Werbung, Content-Marketing und soziale Medien, um mit potenziellen Verbrauchern zu interagieren. Nutzen Sie Suchmaschinenoptimierung (SEO), um die Online-Präsenz zu steigern und organische Besucher zu generieren.

Customer Relationship Management (CRM)-Systeme:
Implementieren Sie ein starkes CRM-System, um Kundenkontakte zu verwalten und die Kommunikation zu vereinfachen. Ein gut

konzipiertes CRM-System ermöglicht individualisierte Kundenerlebnisse, erhöht die Kundenbindung und vereinfacht ein skalierbares Kundenmanagement.

Aufbau eines leistungsstarken Teams

Rekrutierung und Talentakquise:
Konzentrieren Sie sich bei Ihrer Expansion darauf, großartige Talente anzuziehen. Identifizieren Sie Menschen, die zu Ihrer Unternehmenskultur passen und über die Talente verfügen, die für Ihren Entwicklungsweg unerlässlich sind. Der Aufbau eines leistungsstarken Teams ist für den nachhaltigen Erfolg von entscheidender Bedeutung.

Schulungs- und Entwicklungsprogramme:
Investieren Sie in Schulungs- und Entwicklungsprogramme, um Ihren Mitarbeitern die Fähigkeiten zu vermitteln, die sie für erweiterte Betriebsabläufe benötigen.

Kontinuierliches Lernen stellt sicher, dass sich Ihr Team an neue Probleme anpasst und trägt zur Effizienz von Skalierungsinitiativen bei.

Finanzmanagement und Skalierung

Finanzplanung und Prognose:

Entwickeln Sie eine detaillierte Finanzstrategie, die Ihren Wachstumszielen entspricht. Prognostizieren Sie Kosten, Umsatzschätzungen und Cashflow-Anforderungen. Ein guter Finanzplan stellt die für ein effektives Wachstum erforderlichen Ressourcen bereit.

Zugang zu Finanzmitteln:

Entdecken Sie verschiedene Möglichkeiten zur Finanzierung, um Ihre Skalierungsinitiativen zu unterstützen. Unabhängig davon, ob es sich um Investoren, Kredite oder andere Finanzierungsquellen handelt, ist eine angemessene Liquidität von entscheidender Bedeutung, um

Virtueller Großhandel Reichtum

Skalierungsprojekte ohne Einbußen bei der finanziellen Stabilität durchführen zu können.

Erfolgsmessung und iterative Verbesserung

<u>Key Performance Indicators (KPIs):</u>

Definieren und überwachen Sie wichtige Leistungskennzahlen, die zu Ihren Skalierungszielen passen. Mit Kundenakquise, Konversionsraten und Umsatzwachstum verknüpfte Kennzahlen geben Einblicke in die Wirksamkeit Ihrer Skalierungsstrategie.

<u>Rückkopplungsschleifen und Anpassungsfähigkeit:</u>

Ermutigen Sie Verbraucher, Mitarbeiter und Stakeholder zum Input. Richten Sie Feedbackschleifen ein, die Ihren Entscheidungsprozess beeinflussen. Eine adaptive Strategie ermöglicht es Ihnen, Ihre Ideen abhängig von Echtzeitinformationen und sich ändernden Marktbedingungen zu iterieren.

Verantwortungsvoll und nachhaltig skalieren

<u>Methoden zur Risikominderung:</u> Identifizieren Sie mögliche Gefahren im Zusammenhang mit der Skalierung und führen Sie Abhilfemaßnahmen durch. Gehen Sie proaktiv auf Schwierigkeiten im Zusammenhang mit betrieblicher Effizienz, Marktvolatilität und regulatorischen Änderungen ein, um einen reibungslosen Skalierungsprozess zu gewährleisten.

<u>Nachhaltige Skalierungspraktiken:</u>

Priorisieren Sie Nachhaltigkeit in Ihren Skalierungsprozessen. Vermeiden Sie eine schnelle Entwicklung ohne ausreichende Infrastruktur und Schutzmaßnahmen. Eine nachhaltige Skalierung hilft Ihrem Unternehmen, sich reibungslos zu entwickeln und gleichzeitig Stabilität und Agilität zu bewahren.

Virtueller Großhandel Reichtum

Aufbausysteme für nachhaltiges Wachstum

Nachhaltiges Wachstum ist der Grundstein für ein gesundes Unternehmen, und die Entwicklung robuster Prozesse ist der Schlüssel zu dieser langfristigen Entwicklung. Unternehmen, die langfristig florieren und gedeihen, können expandieren, ohne dass die Effizienz, die Qualität oder die allgemeine Gesundheit des Unternehmens darunter leiden. In diesem ausführlichen Buch befassen wir uns mit den wichtigen Techniken und Praktiken zur Entwicklung von Systemen, die eine nachhaltige Entwicklung unterstützen und Ihr Unternehmen auf neue Höhen katapultieren.

Nachhaltiges Wachstum verstehen
<u>Nachhaltiges Wachstum definieren:</u>
Nachhaltiges Wachstum bedeutet, ein Unternehmen auf eine kontrollierbare, lukrative und dauerhafte

Weise zu entwickeln. Es geht über unmittelbare, kurzfristige Ergebnisse hinaus und ist belastend eine ausgewogene Strategie, die die langfristige Rentabilität und Gesundheit des Unternehmens berücksichtigt.

Die Rolle von Systemen beim Wachstum:
Systeme bilden das Rückgrat einer nachhaltigen Entwicklung. Hierbei handelt es sich um organisierte Verfahren, Arbeitsabläufe und Techniken, die Abläufe vereinfachen, die Effizienz steigern und eine Plattform für Wachstum schaffen, ohne Chaos zu verursachen oder die Qualität von Waren oder Dienstleistungen zu beeinträchtigen.

Grundlegende Elemente für den Aufbau nachhaltiger Systeme
Klare Vision und Mission:
Vor der Erstellung von Prozessen muss ein Unternehmen eine definierte Vision und ein Ziel

haben. Diese Leitprinzipien bieten die Grundlage für die Entscheidungsfindung und Strategieerstellung. Systeme sind dann am erfolgreichsten, wenn sie mit den Hauptzielen des Unternehmens verknüpft sind.

Verstehen Sie Ihren Markt:
Ein starkes Verständnis Ihres Marktes ist von entscheidender Bedeutung. Regelmäßige Marktforschung hilft Ihnen, Trends zu erkennen, Veränderungen vorherzusagen und Ihre Prozesse entsprechend anzupassen. Anpassbare Systeme, die sich an die Marktbedingungen anpassen, tragen eher zu nachhaltigem Wachstum bei.

Effiziente Abläufe und Prozessoptimierung
Optimierte Arbeitsabläufe:
Effizienz ist der Kern nachhaltiger Systeme. Durch die Optimierung von Prozessen wird sichergestellt, dass Abläufe reibungslos ablaufen, wodurch das Risiko von Engpässen und Verzögerungen verringert

wird. Analysieren Sie aktuelle Prozesse, um Verbesserungs- und Optimierungsmöglichkeiten zu entdecken.

Automatisierung für Effizienz:
Nutzen Sie die Automatisierung, um die Produktivität in sich wiederholenden und zeitaufwändigen Prozessen zu steigern. Ganz gleich, ob es um die Automatisierung der Dateneingabe, des E-Mail-Marketings oder der Kundenbetreuung geht: Durch die Automatisierung werden Personalressourcen für strategischere, wertschöpfendere Aufgaben frei.

Skalierbare Technologieinfrastruktur
In skalierbare Technologien investieren:
Wenn Ihr Unternehmen wächst, sollte auch Ihre IT-Infrastruktur wachsen. Wählen Sie eine Technologie, die Ihren Betrieb erweitern kann, von soliden ERP-Systemen (Enterprise Resource

Planning) bis hin zu cloudbasierten Optionen, die Flexibilität und Skalierbarkeit ermöglichen.

Cybersicherheit für skalierbare Systeme:
Der Aufbau nachhaltiger Systeme erfordert einen starken Fokus auf Cybersicherheit. Der Schutz sensibler Daten, Kundeninformationen und geistigen Eigentums ist von entscheidender Bedeutung, um das Vertrauen zu wahren und Unterbrechungen zu vermeiden, die den Fortschritt behindern könnten.

Kundenzentrierte Systeme

Effektives Kundenbeziehungsmanagement (CRM):
Eine kundenorientierte Strategie ist entscheidend für eine nachhaltige Entwicklung. Die Implementierung eines effizienten CRM-Systems hilft Ihnen, Kundeninteraktionen zu verwalten, Präferenzen zu überwachen und das Kundenerlebnis individuell anzupassen. Zufriedene Kunden tragen eher zum langfristigen Wachstum bei.

Feedbackschleifen für kontinuierliche Verbesserung:

Integrieren Sie Feedbackschleifen in Ihre Systeme, um Informationen von Verbrauchern, Mitarbeitern und Stakeholdern zu erhalten. Dieser kontinuierliche Input ermöglicht schrittweise Änderungen und stellt sicher, dass Ihre Systeme als Reaktion auf sich ändernde Anforderungen und Erwartungen wachsen.

Aufbau eines leistungsstarken Teams

Strategische Rekrutierung und Onboarding:

Ihre Crew ist ein wichtiger Aspekt Ihres Systems. Rekrutieren Sie Menschen, die nicht nur über die wesentlichen Talente verfügen, sondern auch zu den Werten und der Kultur Ihres Unternehmens passen. Implementieren Sie umfassende Onboarding-Praktiken, um neue Teammitglieder mühelos einzubinden.

Schulungs- und Entwicklungsprogramme:
Investieren Sie in Schulungs- und Entwicklungsinitiativen, um Ihr Personal weiterzubilden. Ein hochqualifiziertes Personal ist besser geeignet, die Komplexität erweiterter Betriebsabläufe zu bewältigen. Kontinuierliches Lernen entwickelt eine Kultur des Fortschritts und der Kreativität.

Finanzmanagement und Planung

Strategische Finanzplanung:
Nachhaltige Entwicklung erfordert ein starkes Finanzmanagement. Entwickeln Sie strategische Finanzstrategien, die Ihren Entwicklungszielen entsprechen.

Dazu gehören Budgetierung, Prognosen und die Sicherstellung des Zugangs zu Geldern für Wachstum bei Bedarf.

Risikomanagementstrategien:
Identifizieren und minimieren Sie Risiken durch umfassende Risikomanagementlösungen. Die Bewältigung möglicher Schwierigkeiten, von wirtschaftlichen Abschwüngen bis hin zu Branchenübergängen, trägt dazu bei, dass Ihre Systeme angesichts von Unvorhersehbarkeiten robust bleiben.

Erfolgsmessung und iterative Verbesserung

Key Performance Indicators (KPIs):
Legen Sie spezifische Key Performance Indicators (KPIs) fest, die zu Ihren Entwicklungszielen passen. Überwachen und bewerten Sie diese KPIs regelmäßig, um die Leistung Ihrer Systeme zu ermitteln. Diese datengesteuerte Strategie ermöglicht eine fundierte Entscheidungsfindung.

Virtueller Großhandel Reichtum

Iterative Verbesserung und Anpassungsfähigkeit:
Eine Kultur der ständigen Weiterentwicklung ist entscheidend. Ermutigen Sie Ihr Team, Verbesserungsmöglichkeiten innerhalb der aktuellen Systeme zu entdecken. Flexibilität und Offenheit für Veränderungen garantieren, dass Ihre Systeme mit den Anforderungen einer sich verändernden Unternehmensumgebung mitwachsen.

Eine Kultur der Innovation pflegen

Kreativität und Innovation fördern:
Innovation ist ein treibender Faktor für eine nachhaltige Entwicklung. Fördern Sie eine Kultur, die Kreativität und Innovation in Ihrem Team unterstützt. Systeme, die Experimentierfreudigkeit und Anpassungsfähigkeit ermöglichen, tragen zum anhaltenden Erfolg bei.

Virtueller Großhandel Reichtum

Neue Technologien nutzen:

Bleiben Sie auf dem Laufenden über die Entwicklung von Technologien, die für Ihr Unternehmen wichtig sind. Umfassende Fortschritte wie künstliche Intelligenz und Daten Analytik und das Internet der Dinge können die Leistungsfähigkeit Ihrer Systeme steigern und Ihr Unternehmen für den zukünftigen Erfolg positionieren.

Herausforderungen bei der virtuellen Skalierung meistern

Die Skalierung eines virtuellen Unternehmens wirft einzigartige Probleme auf, die einfallsreiche Lösungen und eine intelligente Strategie erfordern. Während die Vorteile der virtuellen Skalierung, wie erhöhte Flexibilität und Zugang zu vielfältigen Talenten, wichtig sind, müssen Unternehmen zahlreiche Herausforderungen meistern, um einen

Virtueller Großhandel Reichtum

reibungslosen und nachhaltigen Entwicklungsverlauf zu gewährleisten. In diesem ausführlichen Buch untersuchen wir die besonderen Hindernisse, die mit dem digitalen Wachstum verbunden sind, und geben praktische Ratschläge zu deren Überwindung.

Die Herausforderungen der virtuellen Skalierung verstehen

Kommunikationsbarrieren:

Eines der größten Hindernisse bei der virtuellen Skalierung ist die Überwindung von Kommunikationsbeschränkungen. An einem Remote-Arbeitsplatz kann das Fehlen eines persönlichen Kontakts zu Missverständnissen, Fehlinterpretationen und einem Gefühl der Distanzierung unter den Teammitgliedern führen.

Teamzusammenarbeit und Zusammenhalt:

Im virtuellen Kontext wird es schwieriger, ein zusammenhängendes und produktives Team aufrechtzuerhalten. Der Aufbau einer starken Arbeitskultur, die Förderung der Kameradschaft und die Gewährleistung einer effektiven Zusammenarbeit sind wesentliche Bestandteile zur Überwindung dieser Schwierigkeit.

Technologische Infrastruktur:

Eine zuverlässige und skalierbare technische Infrastruktur ist entscheidend für die virtuelle Skalierung. Probleme wie Bandbreitenbeschränkungen, Bedenken hinsichtlich der Cybersicherheit usw Die Integration mehrerer Systeme kann einen einwandfreien Betrieb beeinträchtigen.

Mitarbeiterengagement und Moral:

Um das Interesse und die Motivation der Arbeitnehmer in einer virtuellen Welt aufrechtzuerhalten, sind gezielte Anstrengungen erforderlich. Der Mangel an körperlicher Nähe kann zu Isolationsgefühlen führen und möglicherweise die Arbeitsmoral und die allgemeine Arbeitszufriedenheit beeinträchtigen.

Kulturelle Anpassung:

Die Online-Skalierung erfordert in der Regel die Überwindung kultureller Unterschiede, insbesondere wenn das Unternehmen an neue Standorte expandiert. Das Verständnis und die Anpassung an unterschiedliche kulturelle Normen und Arbeitsstile sind für eine kohärente und harmonische virtuelle Skalierung von entscheidender Bedeutung.

Strategien zur Bewältigung virtueller Skalierungsherausforderungen

Effektive Kommunikationsstrategien:

Implementieren Sie klare und transparente Kommunikationswege. Nutzen Sie eine Kombination aus synchronen und asynchronen Kommunikationsmethoden, um unterschiedliche Arbeitsstile zu unterstützen. Regelmäßige Videokonferenzen, Townhalls und offene Foren schaffen ein Gefühl der Verbundenheit.

Aufbau einer starken Teamkultur:

Schaffen Sie eine starke Teamkultur, die über physische Grenzen hinausgeht. Investieren Sie in Teambuilding-Aktivitäten, virtuelle gesellschaftliche Zusammenkünfte und Programme, die die Zusammenarbeit fördern. Erkennen und feiern Sie Teamerfolge, um die Moral zu steigern.

Virtueller Großhandel Reichtum

Skalierbare Technologielösungen:
Investieren Sie in skalierbare technologische Lösungen, die den steigenden Anforderungen eines virtuellen Unternehmens gerecht werden. Überprüfen und verbessern Sie regelmäßig Ihre technologische Infrastruktur, um sicherzustellen, dass sie steigende Arbeitslasten und sich ändernde Geschäftsanforderungen bewältigen kann.

Initiativen zur Mitarbeiterbindung:
Implementieren Sie Aktivitäten zur Mitarbeitereinbindung, die das Wohlbefinden fördern und eine gute virtuelle Arbeitsumgebung schaffen. Regelmäßige Check-ins, virtuelle Teambuilding-Aktivitäten und Mitarbeiteranerkennungsprogramme tragen zu einem Gefühl der Zugehörigkeit und Dynamik bei.

Kulturelles Bewusstsein und Inklusion:

Fördern Sie kulturelles Bewusstsein und Inklusivität am virtuellen Arbeitsplatz. Bieten Sie Schulungen zu kulturellen Unterschieden an, fördern Sie die interkulturelle Zusammenarbeit und schaffen Sie eine Atmosphäre, in der unterschiedliche Ideen geschätzt werden.

Aufbau von Führungsstrategien für die virtuelle Skalierung

Adaptive Führung:

Kultivieren Sie eine flexible Führung, die im virtuellen Kontext gedeiht. Führungskräfte sollten in der Lage sein, mit Veränderungen umzugehen, eine gesunde virtuelle Kultur zu etablieren und den Remote-Mitarbeitern die Ziele der Organisation erfolgreich zu vermitteln.

Stärkung der Remote-Führung:

Statten Sie Remote-Führungskräfte mit dem Wissen und den Tools aus, die für die erfolgreiche Führung virtueller Teams unerlässlich sind. Dies umfasst Schulungen zu Best Practices für virtuelle Führung, Kommunikationstaktiken und Konfliktlösung in einer entfernten Umgebung.

Datengesteuerte Entscheidungsfindung:

Nutzen Sie datengesteuerte Entscheidungsfindung, um die Wirksamkeit virtueller Skalierungstaktiken zu analysieren. Bewerten Sie regelmäßig wichtige Leistungsindikatoren (KPIs) in Bezug auf Teamproduktivität, Mitarbeiterzufriedenheit und Gesamterfolg des Unternehmens.

Agiles Projektmanagement:

Übernehmen Sie agile Projektmanagementansätze, die Flexibilität und Anpassung fördern. Agile Ansätze helfen Teams, sich schnell an veränderte

Situationen anzupassen, Abläufe zu rationalisieren und virtuelle Abläufe kontinuierlich zu verbessern.

Bewältigung rechtlicher und regulatorischer Herausforderungen

Compliance und Datensicherheit:

Priorisieren Sie die Einhaltung von Datenschutzgesetzen und Cybersicherheitsanforderungen. Implementieren Sie umfassende Datensicherheitsmaßnahmen, führen Sie häufige Compliance-Audits durch und überprüfen Sie, ob der virtuelle Betrieb den entsprechenden gesetzlichen Rahmenbedingungen entspricht.

Grenzüberschreitende Regelungen:

Verstehen und bewältigen Sie grenzüberschreitende Beschränkungen, während Sie virtuell in neue Standorte hineinwachsen. Arbeiten Sie eng mit Rechtsexperten zusammen, um sicherzustellen, dass die Kanzlei die örtlichen Gesetze, Steuervorschriften

Virtueller Großhandel Reichtum

und andere gebietsspezifische Anforderungen einhält.

Arbeitsgesetze in virtuellen Umgebungen:
Bleiben Sie über neue Beschäftigungsregeln im Zusammenhang mit virtueller Arbeit auf dem Laufenden. Berücksichtigen Sie rechtliche Bedenken im Zusammenhang mit der Remote-Belegschaftsverwaltung, Arbeitsverträgen und allen landesspezifischen Vorschriften für virtuelles Personal.

Schutz geistigen Eigentums:
Schützen Sie geistiges Eigentum in einer virtuellen Welt. Legen Sie explizite Regeln und Prozesse fest, um geschützte Informationen und Geschäftsgeheimnisse zu schützen und sicherzustellen, dass die Mitarbeiter die Vorschriften zum Schutz geistigen Eigentums kennen und diese einhalten.

Virtueller Großhandel Reichtum

Die Bewältigung von Problemen beim digitalen Wachstum erfordert eine proaktive und geplante Strategie. Durch die Beseitigung von Kommunikationshürden, die Betonung des Zusammenhalts im Team, die Investition in skalierbare Technologie, die Steigerung des Mitarbeiterengagements, die Entwicklung anpassungsfähiger Führungskräfte und die Bewältigung rechtlicher und regulatorischer Schwierigkeiten können Unternehmen an der virtuellen Grenze erfolgreich sein. Virtuelle Skalierung bietet, wenn sie mit Bedacht und mit der Verpflichtung zur kontinuierlichen Verbesserung angegangen wird, Potenzial für nachhaltige Expansion, globale Reichweite und ein robustes Geschäftsmodell im sich verändernden Terrain der virtuellen Welt.

KAPITEL 9

WAHRES LEBEN ERFOLGSGESCHICHTEN

Fallstudien virtueller Großhändler

Im sich ständig weiterentwickelnden Immobilienumfeld hat sich der virtuelle Großhandel zu einer dynamischen und effizienten Möglichkeit für Immobilientransaktionen entwickelt. Virtuelle Großhändler nutzen Technologie und Internetplattformen, um Transaktionen aus der Ferne zu lokalisieren, zu verhandeln und abzuschließen, was den klassischen Immobilienprozessen eine neue Dimension verleiht. In diesem Kapitel werden Fallstudien virtueller Großhändler behandelt, die die Hürden gemeistert und die Möglichkeiten genutzt haben, die der digitale Bereich bietet.

Virtueller Großhandel Reichtum

1. Der technisch versierte Innovator:

Hintergrund:

John, ein erfahrener Immobilienexperte, entschied sich für den virtuellen Großhandel, um seine Reichweite über die lokalen Märkte hinaus zu erweitern. Durch den Einsatz moderner Datenanalysen entdeckte er steigende Muster und attraktive Perspektiven an unerschlossenen Standorten.

Strategie:

John investierte in modernste Technologien für die Marktforschung und nutzte prädiktive Analysen, um Gebiete mit hohem Potenzial für die Wertsteigerung von Immobilien zu finden. Virtuelle Rundgänge und 3D-Modelle ermöglichen eine Immobilienbewertung aus der Ferne und ermöglichten es ihm, fundierte Urteile zu fällen, ohne jeden Ort physisch besuchen zu müssen.

Ergebnis:

Durch die Integration von Technologie in eine strategische Strategie konnte John erfolgreich Geschäfte in zahlreichen Staaten abschließen. Seine technisch versierten Ansätze steigerten nicht nur das Transaktionsvolumen, sondern positionierten ihn auch als einen Branchenpionier, der ein größeres Netzwerk von Investoren und Verkäufern aufbaut.

Das kollaborative virtuelle Team:

Hintergrund:

Sarah, eine ehrgeizige Unternehmerin, entwickelte eine Remote-Belegschaft, um den virtuellen Großhandel auf mehreren Marktplätzen zu ermöglichen. Ihr Team bestand aus Personen mit Fähigkeiten in Datenrecherche, Marketing und Verhandlungen.

Strategie:

Sarah entwickelte eine Kultur der Zusammenarbeit mithilfe virtueller Kommunikationsplattformen, die eine reibungslose Koordination zwischen Teammitgliedern ermöglichte, die über mehrere Zeitzonen verteilt waren. Durch die Einführung von Projektmanagement-Tools und der Optimierung virtueller Arbeitsbereiche konnte das Team die Verfahren reduzieren und die Gesamtproduktivität steigern.

Ergebnis:

Die kollaborative virtuelle Teamstrategie ermöglicht es Sarah, ihr Unternehmen schnell zu erweitern. Indem sie die einzigartigen Fähigkeiten ihrer Teammitglieder nutzte, konnte sie effektiv Geschäfte auf mehreren Marktplätzen entdecken und abschließen. Die durch die Fernkooperation erzielte Effizienz führte zu einer höheren Rentabilität und einer schnelleren Expansion.

3. Der datengesteuerte virtuelle Großhändler:

__Hintergrund:__

Michael, ein Datenfanatiker, erkannte die Bedeutung von Informationen im virtuellen Großhandelsmarkt. Er konzentrierte sich auf den Einsatz von Datenanalysen, um Off-Market-Möglichkeiten zu finden und seinen Geschäftsabwicklungsprozess zu verbessern.

__Strategie:__

Michael nutzte umfangreiche Datensätze, darunter Immobilienaufzeichnungen, Markttrends und historische Verkaufsdaten. Durch den Einsatz maschineller Lernalgorithmen hat er erstellte Vorhersagemodelle, um Immobilienpreise abzuschätzen und mögliche renditestarke Investitionen zu entdecken. Diese datengesteuerte Strategie ermöglicht es ihm, strategische Entscheidungen auf der Grundlage von Markttrends zu treffen.

Virtueller Großhandel Reichtum

Ergebnis:

Michaels Engagement für datengesteuerte Entscheidungsfindung führte zu einer hohen Erfolgsquote bei der Suche nach günstigen Häusern. Die Genauigkeit seiner Prognosen führte zu einem breiten Portfolio lukrativer Partnerschaften. Seine Leistung unterstrich den Wert der Nutzung von Daten als strategischen Vorteil im virtuellen Großhandel.

4. Der Social-Media-Experte:

Hintergrund:

Emily, eine junge Unternehmerin, erkannte den Wert sozialer Medien für die Kommunikation mit potenziellen Verkäufern und Investoren. Sie nutzte bewusst Netzwerke wie Instagram, Facebook und LinkedIn, um ihr virtuelles Großhandelsunternehmen aufzubauen.

Virtueller Großhandel Reichtum

Strategie:

Emily entwickelte überzeugende Informationen, darunter Immobilien-Highlights, Erfolgsgeschichten und Lehrmaterial zum virtuellen Großhandel. Sie nutzte gezielte Werbung, um ein größeres Publikum zu erreichen und baute eine Marke auf, die sowohl Verkäufer als auch Investoren ansprach, die nach virtuellen Möglichkeiten suchten.

Ergebnis:

Emilys auf soziale Medien ausgerichtete Kampagne verschaffte ihr große Bekanntheit und einen regelmäßigen Strom an Leads. Ihre Online-Präsenz half nicht nur bei der Geschäftsabwicklung, sondern positionierte sie auch als Expertin im Bereich des virtuellen Großhandels. Das Ergebnis bewies die Möglichkeit, soziale Medien als wichtiges Instrument zur Vernetzung und Geschäftsakquise zu nutzen.

Virtueller Großhandel Reichtum

Diese Fallstudien veranschaulichen die unterschiedlichen Taktiken virtueller Großhändler, um sich in der digitalen Umgebung von Immobilien zurechtzufinden. Ob durch technologische Innovation, kollaborative Teamarbeit, Ob datengesteuerte Entscheidungsfindung oder Social-Media-Fähigkeiten – diese Unternehmer zeigen, dass Erfolg im virtuellen Großhandel durch Anpassungsfähigkeit, strategisches Denken und die Nutzung der in der digitalen Landschaft verfügbaren Tools erreichbar ist. Da der Immobiliensektor weiter wächst, bieten diese Fallstudien hervorragende Einblicke für angehende virtuelle Großhändler, die Inspiration und praktische Orientierung auf ihrem unternehmerischen Weg suchen.

Lehren aus erfolgreichen virtuelle angebote

Erfolg bei virtuellen Immobiliengeschäften erfordert eine Mischung aus strategischer Planung, technischem Fachwissen und Agilität. Die Untersuchung der Erkenntnisse von Menschen, die in der virtuellen Arena erfolgreich waren, liefert wichtige Erkenntnisse für Personen, die sich in der digitalen Umgebung von Immobilientransaktionen zurechtfinden.

1. Nutzen Sie die Technologie als Ihren Verbündeten

Lektion gelernt:

Erfolgreiche virtuelle Verhandlungen verdeutlichen die Notwendigkeit, Technologie als wichtigen Verbündeten zu nutzen. Einen besonderen Vorteil haben virtuelle Großhändler, die moderne Technologien für Marktstudien, virtuelle

Immobilienbewertungen und Kommunikation nutzen.

Anwendung:

Investieren Sie in Technologien wie virtuelle Tourplattformen, Datenanalysetools und kollaborative Kommunikationsplattformen. Diese Technologien steigern nicht nur die Effizienz der Geschäftsabwicklung, sondern verschaffen auch einen Wettbewerbsvorteil durch die Erkennung von Chancen und die Vereinfachung von Abläufen.

2. Bauen Sie eine starke Online-Präsenz auf

Lektion gelernt:

Eine gute Webpräsenz ist entscheidend für die Gewinnung neuer Verkäufer, Investoren und Partner. Erfolgreiche virtuelle Großhändler erkennen den Wert einer seriösen und ansprechenden Marke über alle digitalen Kanäle hinweg.

Anwendung:

Investieren Sie Zeit in die Entwicklung interessanter Inhalte, die Nutzung sozialer Medien und die Pflege einer professionellen Website. Konsistentes Branding und Kommunikation schaffen Vertrauen bei den Stakeholdern und positionieren virtuelle Großhändler als kompetente und zuverlässige Partner auf dem Immobilienweg.

3. Nutzen Sie Daten für eine fundierte Entscheidungsfindung

Lektion gelernt:

Daten sind ein wertvolles Werkzeug im virtuellen Großhandel. Erfolgreiche Akquisitionen sind im Allgemeinen das Ergebnis einer gründlichen Datenrecherche, einschließlich Markttrends und Immobilien Preise und historische Daten. Datengesteuerte Entscheidungsfindung eliminiert Risiken und erhöht die Wahrscheinlichkeit erfolgreicher Transaktionen.

Virtueller Großhandel Reichtum

Anwendung:

Nutzen Sie Datenanalysetechnologien, um wichtige Informationen zu erhalten und auszuwerten. Entwickeln Sie Vorhersagealgorithmen, um Immobilienpreise zu antizipieren und potenzielle Möglichkeiten zu finden. Fundierte Urteile auf Basis umfangreicher Daten tragen zum Erfolg virtueller Verhandlungen bei.

4. Priorisieren Sie Kommunikation und Zusammenarbeit:

Lektion gelernt:

Eine klare und effiziente Kommunikation ist im virtuellen Großhandel von entscheidender Bedeutung. Erfolgreiche Verkäufe sind typischerweise das Ergebnis einer reibungslosen Koordination zwischen virtuellen Teams, Verkäufern und Investoren. Virtuelle Großhändler, die auf Kommunikation setzen, bauen solide Verbindungen auf, die bleiben.

Anwendung:

Implementieren Sie kollaborative Kommunikationstools und richten Sie regelmäßige Check-ins mit Remote-Teammitgliedern, Verkäufern und Investoren ein. Eine klare Kommunikation fördert das Vertrauen und stellt sicher, dass alle am Geschäft Beteiligten mit den Erwartungen und Zielen übereinstimmen.

5. Fördern Sie Anpassungsfähigkeit und Belastbarkeit

Lektion gelernt:

Die Immobilienlandschaft, auch im virtuellen Bereich, ist dynamisch und unterliegt Veränderungen. Erfolgreiche virtuelle Großhändler zeigen Anpassungsfähigkeit und Widerstandsfähigkeit angesichts von Herausforderungen, regulatorischen Änderungen und Marktschwankungen.

Anwendung:

Entwickeln Sie eine Denkweise, die Veränderungen und Unsicherheit akzeptiert. Bleiben Sie über Branchentrends, regulatorische Aktualisierungen und wirtschaftliche Veränderungen auf dem Laufenden. Sein Durch die Anpassungsfähigkeit können virtuelle Großhändler bei Bedarf umschwenken und Hindernisse belastbar überwinden.

6. Investieren Sie in Kontinuierlich Lernen

Lektion gelernt:

Der Lernpfad endet nie im virtuellen Großhandel. Erfolgreiche Fachleute in diesem Sektor wissen, wie wichtig es ist, über Branchenentwicklungen, Technologieverbesserungen und Best Practices auf dem Laufenden zu bleiben.

Anwendung:

Planen Sie Zeit und Ressourcen für die kontinuierliche Weiterbildung ein. Nehmen Sie an

Virtueller Großhandel Reichtum

Branchenkongressen teil, nehmen Sie an Webinaren teil und bleiben Sie mit Immobiliengruppen in Kontakt. Kontinuierliches Lernen stellt sicher, dass virtuelle Großhändler stets auf dem neuesten Stand der Marktentwicklung bleiben und auf sich entwickelnde Schwierigkeiten reagieren können.

Im Bereich des virtuellen Immobilienhandels dienen diese aus erfolgreichen Initiativen gelernten Prinzipien als Wegweiser für Einzelpersonen, die sich im digitalen Terrain zurechtfinden. Durch den Einsatz von Technologie, die Entwicklung einer starken Online-Präsenz, die Nutzung von Daten, die Betonung der Kommunikation, die Förderung von Agilität und die Teilnahme an kontinuierlichem Lernen können virtuelle Großhändler den Weg zum Erfolg in der dynamischen und wachsenden Welt digitaler Immobilientransaktionen ebnen.

SCHLUSSFOLGERUNG

Auf dem sich ständig weiterentwickelnden Immobilienmarkt ist der Weg zum virtuellen Erfolg sowohl faszinierend als auch dynamisch. Denken Sie beim Durchqueren der digitalen Umgebung des virtuellen Immobiliengroßhandels daran, dass es beim Erfolg nicht nur um Verkäufe geht; Es geht darum, Innovationen anzunehmen, die Widerstandsfähigkeit zu fördern und Technologie einzusetzen, um etablierte Verfahren zu durchbrechen.

Von den Kernkonzepten der Nutzung von Technologie und der Entwicklung einer starken Online-Präsenz bis hin zu den subtilen Methoden der datengesteuerten Entscheidungsfindung und grenzüberschreitenden Navigation ist Ihr Weg in die virtuelle Immobilienwelt ein Geflecht aus verschiedenen Erfahrungen und kontinuierlichem Lernen.

Virtueller Großhandel Reichtum

Bedenken Sie beim weiteren Vorgehen auf diesem Weg die Bedeutung von Teamarbeit und Kommunikation.

Ob es darum geht, ein kollaboratives virtuelles Team aufzubauen oder die Kunst der sozialen Medien zu beherrschen, effektives Engagement ist entscheidend, um dauerhafte Verbindungen zu knüpfen und Ihre Präsenz auf dem virtuellen Immobilienmarkt zu etablieren.

Die in diesen Grundsätzen dargestellten Erfahrungen visionärer Führungskräfte und technologieaffiner Unternehmen dienen als Inspirationsquellen. Ziehen Sie Lehren aus ihren Erfahrungen, aber erkennen Sie auch, dass Ihr Weg einzigartig ist. Anpassungsfähigkeit und Belastbarkeit werden Ihr Kompass sein, wenn Sie Hürden überwinden und Chancen ergreifen.

Virtueller Großhandel Reichtum

Während Sie über die vorgestellten Ideen, Maßnahmen und inspirierenden Erfahrungen nachdenken, stellen Sie sich Ihre Rolle bei der Gestaltung der Zukunft virtueller Immobilien vor. Mit jeder strategischen Entscheidung, jedem technischen Fortschritt und jeder gemeinsamen Anstrengung tragen Sie zum Wachstum einer Branche an der Schnittstelle von Tradition und Innovation bei.

Ihr Weg zum Erfolg im Bereich virtueller Immobilien ist eine kontinuierliche Erzählung, die Sie mit jeder Transaktion, jeder Partnerschaft und jeder Umarmung technologischer Innovationen schreiben. Nehmen Sie also die gewonnenen Erkenntnisse, nutzen Sie sie zielgerichtet und lassen Sie Ihr Abenteuer in virtuellen Immobilien zu einer Hommage an die transformative Kraft von Vision, Flexibilität und Beharrlichkeit werden.

Virtueller Großhandel Reichtum

Hier geht es darum, Ihren Weg zum virtuellen Immobilienerfolg zu ebnen, eine Reise, die nicht nur Bargeld, sondern auch die Erfüllung Ihrer Träume an der digitalen Grenze des Immobiliengroßhandels bietet.

www.ingramcontent.com/pod-product-compliance
Lightning Source LLC
Chambersburg PA
CBHW071913210526
45479CB00002B/402